本书出版得到

国家重点文物保护专项补助经费资助

本项研究得到

教育部人文社会科学重点研究基地重大项目：

战国时期西北地区的文化交流（10JJD770014）

国家社会科学基金重大项目：

史前时期中西文化交流研究（12&ZD151）等资助

清水刘坪

甘肃省文物考古研究所
清水县博物馆　编著

文物出版社

装帧设计：李　红
责任印制：张道奇
责任编辑：杨新改
责任校对：李　薇

图书在版编目（CIP）数据

清水刘坪 / 甘肃省文物考古研究所, 清水县博物馆编著. —
北京：文物出版社，2014.11
　　ISBN 978-7-5010-4148-0

　　Ⅰ.①清…　Ⅱ.①甘…②清…　Ⅲ.①考古发掘—发掘报告
—清水县　Ⅳ.①K872.424.5

　　中国版本图书馆CIP数据核字（2014）第261094号

清水刘坪

编　　著　甘肃省文物考古研究所
　　　　　清水县博物馆
出版发行　文物出版社
地　　址　北京市东直门内北小街2号楼
邮　　编　100007
网　　址　www.wenwu.com
邮　　箱　web@wenwu.com
经　　销　新华书店
印　　刷　北京鹏润伟业印刷有限公司
开　　本　889×1194　1/16
印　　张　14
版　　次　2014年11月第1版
印　　次　2014年11月第1次印刷
书　　号　ISBN 978-7-5010-4148-0
定　　价　280.00元

本书编辑委员会

主　　编：王　辉

副 主 编：侯红伟　陈建立　全永庆

摄　　影：宋　朝

绘　　图：方志军

目 录

[壹]

概述

◎ 王辉

一　地理位置和地貌

清水县位于甘肃东南部的陇山西南麓，东接陕西省陇县和宝鸡市，西连秦安县，南与天水市接壤，北与张家川回族自治县毗邻。全县面积 2012 平方千米。全县地貌可划分为县境西部的陇山山地，县境中部的黄土梁峁沟壑区和分布于牛头河及其支流的河谷阶地。山脉都属于陇山余脉的西南分支。气候属温带大陆性气候，温差较大，降水集中。境内的水系主要有牛头河水系（包括牛头河、后川河、樊河、汤浴河、稠泥河和白驼河）、渭河水系、葫芦河水系和长沟河水系。

清水古称"上邽"，因"清泉四注"而得名。清水的历史悠久，文化积淀深厚。早在新石器时代晚期就有人类在此繁衍生息。西汉武帝元鼎二年（公元前 115 年）析上邽置清水县和戎邑道。在秦和汉武帝之前属陇西郡，西汉后期属天水郡，晋属略阳郡，北魏至隋唐属秦州，明、清隶属巩昌府。清水素有陇上要冲、关中屏障之称，汧陇古道途径于此。古代文献记载中，清水是早期秦人主要活动的区域之一，也是西戎诸族传统的生活地域。

随着早期秦文化调查、发掘与研究项目的开展，2005 年和 2008 年，早期秦文化联合考古队对牛头河流域进行了全面调查。调查发现遗址共 117 处，其中含两周时期遗存的遗址 43 处[1]。

图一　清水白驼刘坪遗址（摄影：王晓荣）

图二　清水白驼刘坪遗址位置示意图

　　白驼刘坪遗址位于甘肃省清水县西北 25 千米的白驼镇白驼河北岸、刘坪村南 1 千米的阳面山坡上，面积约 12 万平方米。遗址所在地有发育良好的台地，现地表为梯田。2010 年被公布为县级文物保护单位（图一、二）。

二　发现和研究状况

　　20 世纪 70 年代后期，清水县白驼镇刘坪村附近在兴修梯田的过程中就曾多次出土铜器，但并未引起足够重视。80～90 年代，当地仍时有零星文物出土，清水县文物工作者曾对该遗址进行了勘察。90 年代初，白驼刘坪遗址屡遭盗掘破坏，致使大批文物流失。1998 年清水县公安局在现场抓获了一伙盗墓者，收缴了一批文物。2000 年 3 月，清水县博物馆对白驼刘坪遗址的 1 座墓葬进行了清理，该墓长 6、宽 3.4、深约 15 米。在清理过程中，同时对周边区域进行了调查，发现在这座墓葬周围还有 10 余座小型墓葬被盗。据不完全统计，白驼刘坪遗址历年征集和发掘出土的文物约有 600 件，分别由甘肃省博物馆和清水县博物馆收藏[2]。

　　2003 年，李晓青和南宝生对白驼刘坪遗址出土的遗物进行了初步整理，在《文物》杂志上刊布了《甘肃清水县近年来发现的北方系青铜器及金饰片》一文。该文将白驼刘坪遗址出土的遗物和周边地区同类遗物进行比较后认为，其年代上限不早于春秋晚期，下限不晚于战国晚期。白驼刘坪类遗存的族属并非秦人，暗示其族属可能为绵诸戎[3]。青铜兵器、工具等和北方草原关系密切，当划归北方系青铜器，但也有明显的地域特色。

白驼刘坪遗址出土的大量遗物是西戎文化考古中的重要发现，也是研究战国时期西戎文化、秦与西戎的关系、战国时期甘肃东南部和中国北方草原及欧亚草原文化交流的珍贵资料。鉴于这批材料的重要性，2013 年，我们对现藏于清水县博物馆出自白驼刘坪遗址的遗物进行了系统整理。但由于这批文物出土已经十余年，当时的抢救性清理工作水平所限，也没有留下更多的资料。墓葬的结构和形制不明，遗物出土的具体位置也不清楚，当时和以后征集文物的记录也不尽完善。所有这些因素限制了对这批材料更好的整理和研究。我们在查看原始档案的基础上，对清水县博物馆所藏的出自白驼刘坪遗址的遗物进行了甄别和拣选，剔除了部分非本遗址出土的遗物。但由于上述条件的限制，我们无法做到准确无误，可能在本书所著录的文物当中还存在少量非本遗址出土的文物，也可能有少量出土于本遗址的文物尚未被著录。但绝大部分现藏于清水县博物馆的出自白驼刘坪的文物已经被收录，希望对以后战国时期西戎文化和中西文化交流的研究有所裨益。

三 出土遗物概述

本书收录了出自白驼刘坪遗址的文物 160 件（组），均为小件器物。类别主要为生产工具、兵器、车构件、车马饰、马具、人体装饰品和服饰。数量最多的是车饰、人体装饰品和服饰。材质有铜、金、银、费昂斯（Faience）、玻璃、煤精、绿松石和肉红石髓等。

1. 生产工具和兵器

兵器中发现有戈、短剑、镞、鹤嘴斧等。铜戈均为三穿，有长援和短援两类，援首呈圭形或蛇首形。

铜镞的形制多样，可分为有銎和有铤两类。有铤者有三翼、双翼和三棱形镞。有銎镞可分为双翼管銎镞和扁舌形管銎镞两种。

青铜短剑有环首一字格、球形首无格、蕈首心形格和环首心形格等四种。

生产工具中仅发现有铜刀。铜刀有环首弧背刀、直柄直背刀、直柄弧背刀、弧柄弧背刀等四类。

2. 车构件、车马饰和马具

车构件、车马饰和马具在白驼刘坪出土的文物中占大宗，由于出土时的状况不明或由于征集所得等原因，我们只能参照张家川马家塬墓地[4]和秦安王洼墓地[5]的情况判断其用途，但有些器物还是不能确定它们的具体用途。从马家塬和王洼墓地车辆出土的情况看，白驼刘坪遗址和这两处墓地一样，同样有随葬马车的习俗，而且马车上也同样有复杂、华丽的装饰。车构件和马具多以青铜制作，车马饰的材质包含了金、银、铜等金属。

车軎既有一体式的，也有分体式的，形状分为尖锥形和截锥形两类。大多无纹饰。车辖仅见1件兽首辖。

伞上的构件有盖弓帽和伞杠箍。盖弓帽的形制有多种，馆藏号938的铜管状饰也可能是盖弓帽。

车轭、车衡、车辀、车轮、车舆、车毂等部位的装饰均有发现。轭首饰为亚腰方体，饰卷云纹。车辀饰和衡饰多为金质，部分捶打出瓦棱纹装饰。车轮和车舆部分的装饰复杂，饰件多有镂空花纹，花纹母体主要为相互勾连的"S"形，这些相互勾连的"S"形构成忍冬纹和变体鸟纹等图案。在车舆的四角装饰有折角形车饰件，后门装饰有亚腰形车饰件，三角形和梯形有镂空花纹的饰件用于装饰车轮轮面或车毂，方形的饰件主要用于装饰车舆，小的长方形金银饰件可能用于装饰车辀。弧形饰件则用于装饰车轮的牙面。车饰中除了镂空花纹的饰件外，还有动物造型的车饰件，动物造型有虎、大角羊、巨喙鸟和卧马等。这些动物造型的饰件一般装饰在车舆的边缘。

马具和马饰主要有马衔、当卢、节约和铜泡。马衔有双节双环和单节双环两种。当卢多呈镂空桃形。节约也可以分成十字形和环形两类。铜泡的形制最为丰富，有草帽形、鸟形、四出花边形、圆形和蜷曲的动物形等多种，铜泡上的装饰纹样有卷云纹和圆点纹。

3. 人体装饰和服饰

主要有腰带饰、项饰、带钩、带环、板带和珠子等。

腰带饰的材质有金、铜两种。金带饰为方形或长方形，捶揲、剪切成动物造型和动物纹。动物纹母题有巨喙鸟、虎噬羊、蛇、鸟衔蛇、双鸟、双龙和盘龙纹等。铜带饰为几何纹装饰的长方形、鸟形和龙形。

项饰为制作精美的半环形银项饰，在项饰上先錾刻出虎和牦牛的纹样，在其上再贴以薄金片制作的虎和牦牛。

带钩的形式复杂，有琵琶形、棒形、鸟形、牛头形、虎形和长方形。动物造型的带钩比较常见，钩首多呈兽首形。

带环为椭圆形，一端不闭合，环上饰相对的龙头或兽首两组。

珠子材质包括金、银、肉红石髓、绿松石、煤精、玻璃和费昂斯等。珠子的形状有扁圆珠、多面体短双锥珠、短双锥珠、筒形珠、鼓形珠、蝶形珠、管珠、片状扁珠、瓜棱形珠和蜻蜓眼等。

装饰品中还有缠金片的铜耳环、焊接成一排的金管饰、镜形饰、铜盒以及小铜铃等。

金管饰从马家塬 M4 和 M57 出土的情况看，应该是和各类珠子组成的项链的部件。珠子除了串成项链外，还用于腰带、衣服和鞋子的镶边。铜盒是悬挂在腰部两侧串饰中的附件[6]。小铜铃也是悬挂于腰间的装饰品。

四　相关问题探讨

与白驼刘坪遗址文化内涵相似的遗存近年来在甘肃多有发现，在邻近的张家川县和秦安县都发现了与白驼刘坪遗存性质和内涵相似的遗存，已知的就有张家川县马家塬、长沟、高崖和秦安王洼等多处墓地，在漳县新墩遗址也发现了类似的墓地。

1. 年代推断和族属蠡测

上述墓地当中相同或相似的文化因素主要有以下几个方面：都有殉牲的习俗；车辆装饰复杂、华丽；随葬品中多见兵器、工具、车马饰、马具以及人体装饰品和服饰；有大量使用金器和珠饰的传统；注重人体装饰和服饰的使用；均发现有较多的玻璃、费昂斯等玻璃态制品；动物纹风格的装饰品发达；有一批相同或类似的遗物，如花纹相同的车饰、项饰和带环等。

据文献记载，以上地域是早期秦人活动的主要地域之一，也是西戎诸族传统生活的地区。在这一区域发现的和白驼刘坪类似的遗存与战国时期秦人的文化遗存有明显的区别，这些区别既表现在墓葬形制上，也表现在随葬品的类别、葬俗和文化传统上，如注重人体装饰和服饰、大量使用珠饰、对车辆进行豪华装饰等方面。这反映了他们可能是和秦人不同的族群，应该属于西戎诸族[7]。

白驼刘坪遗址出土遗物在形制上多与马家塬和王洼墓地出土的同类器物相同。马家塬墓地有碳 -14 测定的年代在公元前 350 年左右[8]。可以推断白驼刘坪遗址的年代也应当在公元前 4 世纪。

2. 文化因素的比较

前已述及，白驼刘坪遗址出土的遗物以兵器、工具、车马饰、马具和装饰品为主，有发达的动物风格装饰，这与斯基泰三要素的武器、工具和动物纹相同。

不仅如此，该遗址出土遗物中所包含的许多文化因素都与欧亚草原中部铁器时代的文化因素相同或相似。主要表现在，两者都有大量使用金器的传统，在希罗多德的《历史》中记载，阿尔泰是著名的黄金产地，有鸟首兽身的格里芬看守这些黄金，白驼刘坪大量使用金器的传统是吸收了欧亚草原文化传统影响的结果。

注重人体装饰的作风在欧亚草原地带很流行，白驼刘坪遗址的这类文化因素也当是源于欧亚草原。

相互撕咬的动物纹饰件斯基泰文化的风格，覃首心形格的青铜短剑是斯基泰文化中有代表性的短剑。铜泡中装饰的蜷曲的兽是阿尔泰地区斯基泰文化的典型造型。巨喙鸟和忍冬纹的装饰图案在阿尔泰地区冰冻古坟中的马具上经常可以见到。四鸟纹金带饰上的图案与塔加尔文化青铜牌饰上的图案如出一辙[9]。鹤嘴斧在春秋战国时期欧亚草原上也是常见的兵器。有鐏和管銎镞也在这一时期广泛流行于欧亚草原和中国北方地区。

除了来自于欧亚草原和中国北方的文化因素外，还有来自于中原和秦文化系统的文化因素，如兵器中的铜戈、龙纹图案和车构件等。

总之，这批遗物文化因素的构成较为复杂，有来自于欧亚草原中部的文化因素和中原秦文化系统的文化因素，这些文化因素在此相互交融，形成了自己独特的文化面貌。造成这种情况的原因，一方面是由于自秦穆公霸西戎后，西戎的势力不断衰弱，至战国时期已经大部臣服于秦；而在欧亚草原上正是斯基泰、萨迦等游牧民族兴起的时候，他们势力强盛，文化影响波及广泛；另一方面，西戎又是一个擅长贸易的民族，所有这些因素的结合或许可以给这种多元文化的交融提供一个接近于事实的解释。

参考书目

［1］早期秦文化联合考古队：《牛头河流域考古调查》，《中国历史文物》2010 年第 3 期。

［2］李晓青、南宝生：《甘肃清水县刘坪近年来发现的北方系青铜器及金饰片》，《文物》2003 年第 7 期。

［3］同［2］。

［4］早期秦文化联合考古队、张家川回族自治县博物馆：《张家川马家塬战国墓地2007 ~ 2008 年发掘简报》，《文物》2009 年第 10 期；早期秦文化联合考古队、张家川回族自治县博物馆：《张家川马家塬战国墓地 2008 ~ 2009 年发掘简报》，《文物》2010 年第 10 期；早期秦文化联合考古队、张家川回族自治县博物馆：《张家川马家塬战国墓地 2010 ~ 2011 年发掘简报》，《文物》2012 年第 8 期；甘肃省文物考古研究所：《甘肃秦安王洼战国墓地发掘简报》，《文物》2012 年第 8 期。

［5］甘肃省文物考古研究所：《甘肃秦安王洼战国墓地发掘简报》，《文物》2012 年第 8 期。

［6］甘肃省文物考古研究所、陕西省考古研究院：《甘肃省张家川马家塬战国墓地 M4 木棺实验室考古简报》，《考古》2013 年第 8 期。

［7］王辉：《张家川马家塬墓地相关问题初探》，《文物》2009 年第 10 期。

［8］同［7］。

［9］Sergei I. Rudenko. 1970. *Frozen Tombs of Siberia*. University of California Press: Berkeley and Los Angeles.

Karl. Jettmar, 1967. *Art of the Steppes*. Methuen-London.

[贰]

金银和镀锡铜器的制作工艺研究

◎ 陈建立　张周瑜　杨军昌　侯红伟　王辉

清水县地处牛头河河谷地带，东依陇山，南临渭河，其白驼乡南刘坪村东分布有一批先秦墓葬，于 1989 年被列为秦汉墓葬保护区。自 20 世纪 60 年代以来，清水县博物馆等单位对该墓葬群进行了多次调查采集、抢救性发掘等工作，获得了丰富的金、银饰片和青铜饰件、青铜车马器等遗物，并认为这批青铜器与金饰片融合了鄂尔多斯青铜文化、中原文化、秦文化等多种文化因素，在当地及周边区域（主要为甘肃东部及宁夏南部地区）已形成具有地方特色的戎族青铜文化[1]。如与清水临近的张家川马家塬[2]、秦安王洼[3]、固原彭堡撒门村与肖家磨墓地[4]等战国墓地均出土形制和工艺类似的金银饰片和镀锡铜器，前人已做了初步分析。本文拟对清水刘坪墓地出土金银和铜器的成分、加工工艺进行检测分析，为进一步研究金银饰件和镀锡的工艺与传播等问题提供更多资料。

一　样品情况

本次对清水博物馆馆藏刘坪墓地出土的 92 件金饰品和 76 件银饰品进行了分析，样品情况见本书出土遗物中的介绍。

刘坪墓地出土和采集 500 多件铜器，部分表面白亮，显系有意为之，推测为镀锡工艺。此次选择 3 件铜牌饰、2 件铜泡、3 件车马器构件、1 件车軎、1 件车饰、2 件盖弓帽、1 件伞构件以及 2 件残铜片共计 15 件样品进行分析，如表一。

二　检测方法

因保存完好，本次未对该批金银制品取样进行金相组织鉴定，仅利用体视显微镜和便携式 X 射线荧光光谱仪进行了无损检测。

利用体视显微镜可以直接对实物样品表面残留的打磨、抛光、錾刻、捶揲、剪切和冲孔等工艺痕迹进行观察、记录，以确定基本的制作工艺。所用设备型号及条件为基恩士 VHX-1000 型超景深体视显微镜，20 ~ 200 倍镜头。拍摄的部分照片见图一至图一二。

利用便携式 X 射线荧光光谱仪直接在金银饰片表面进行成分分析，所用仪器为热电 Niton XL3t 型便携式 X 射线荧光光谱仪，测量时间 30 秒，测试前用酒精擦洗测试部位。本仪器检测的元素虽多，但为便于讨论，本文只选择金（Au）、银（Ag）、铜（Cu）、铅（Pb）和铁（Fe）这五种元素的归一化结果进行讨论，

表一　青铜器样品列表

实 验 室 编 号	原 始 编 号	器 物 名 称
73610	1206-1	盖弓帽
73611	1206-3	盖弓帽
73612	972	残片
73613	2012	车马器构件
73614	1296-2	车軎
73615	1182	车饰
73616	1283-3	牌饰
73617	936	铜泡
73618	采集样品	伞构件
73619	采集样品	车马器构件
73620	采集样品	残片
73621	采集样品	方形铜牌饰
73622	采集样品	镂空铜牌饰
73623	采集样品	铜泡
73624	采集样品	车马器构件

分析结果见表二和表三。

我们利用金相显微镜对青铜器样品组织、均匀度、铅分布以及夹杂物形貌、特征、分布等进行观察，研究青铜器制作工艺。实验使用电木粉镶样，经过打磨、抛光，使用 3% 三氯化铁酒精溶液进行侵蚀后，于北京大学考古文博学院 LEICA DM4000 M 金相显微镜下进行金相组织观察并拍照记录。金相分析结果见表四。

为判定镀锡处理工艺，将于金相显微镜下观察到存在镀锡层的样品真空喷炭镀膜，然后在清华大学摩擦学国家重点实验室 Philip FEI Quanta 200 FEG 场发射扫描电子显微镜上进行微区成分分析，分析条件设定为加速电压 15kV，工作距离 11 ～ 13 毫米，激发时间 ≥ 60 秒。分析数据见表五。

三　分析结果

1. 金饰品表面显微痕迹观察结果

通过超景深体视显微镜对 48 件金饰片表面保留的加工痕迹进行观察，发现所有金饰片的正面均较为光亮，有的还残留平行的打磨痕（图一），显然经过仔细打磨和抛光。金饰片的背面比较粗糙，未经磨抛，但有捶揲留下坑状纹饰（图二）和刻划留下的刻划线（图三）。在表面或背面通过冲模、錾刻或刻划的方式制作纹饰，在刻划一侧可形成凹槽，在另一面会有凸起的效果（图四至七）。所有金饰片的边缘部位均为切削而成（图八、九），为进一步修整，有些金饰片在背部边缘部位进行打磨；有些金饰片在制作时存在卷边现象。表面处理工作完成后，再用圆形或方形的锥冲出金饰片上的孔洞（图一〇），以缝缀或钉于其他材料之上。对于金泡的制作工艺，根据1393号金珠（由两个帽形铜泡对接而成）的显微观察，发现每件金泡的表面均较为光亮，残留有大量打磨和抛光所留下的平面及线状痕迹，系首先用冲压的方法制作用两个半球性的金帽，将两者焊接成球形后再打磨抛光（图一一、一二）。综合以上显微观察结果，说明这些金饰片的制作工艺相同，其制作工序可推断为：熔金—捶揲—打磨抛光—冲模—剪切—刻划—冲孔—修整，当然这个工序可能有一定的调整。在制作时，使用了专门的成套工具。

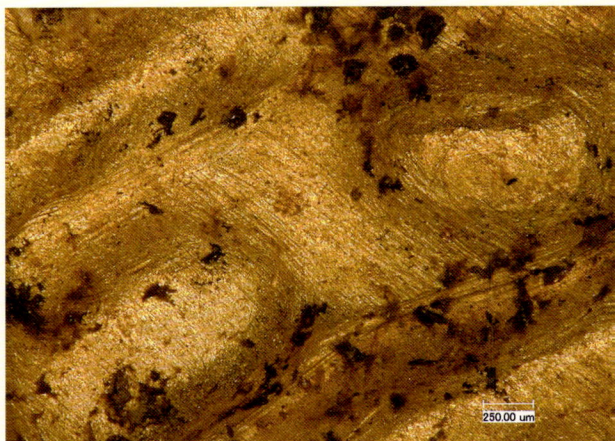

图一　1398金带饰表面的打磨痕

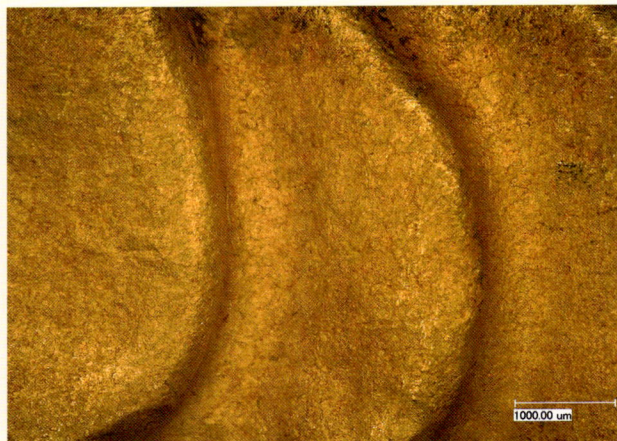

图二　953金带饰背面捶揲及冲模留下的凹痕

图三　1421金车饰背面的刻划线

图四　956金带饰正面纹饰

图五　956 金带饰背面冲模和錾刻留下的凹槽
（与金带饰的正面图案对应）

图六　961 金带饰正面纹饰

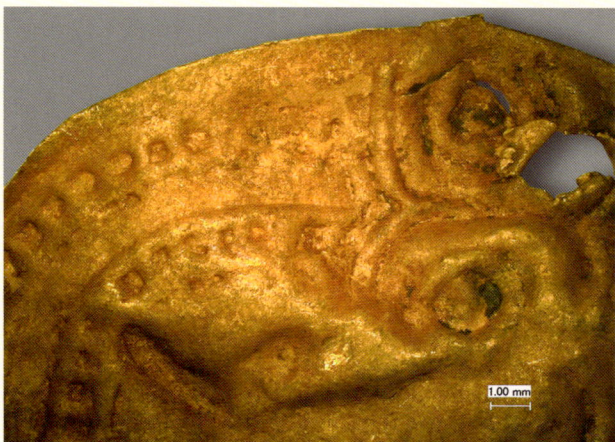

图七　961 金带饰背面冲模和錾刻凹槽留下的凹槽
（与金带饰的正面图案对应）

图八　962-1 金箔饰片边缘部位的錾刻切割痕迹

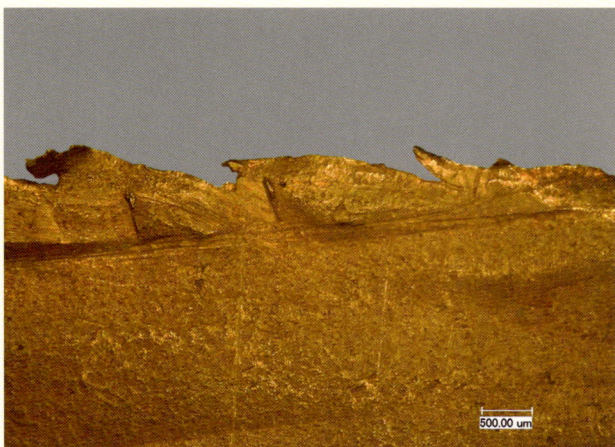

图九　962-6 金箔饰片边缘部位的錾刻切割痕迹

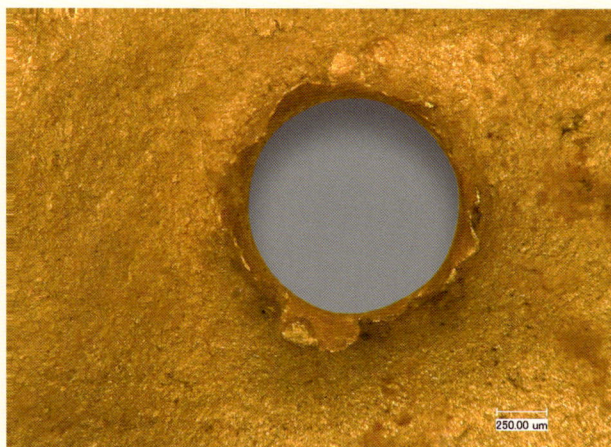

图一〇　1000 金带饰上的冲孔

图一一　1393 金珠的形貌

图一二　1393 金珠表面的打磨线和焊接部位

2. 金银饰品的成分分析结果

便携式 X 射线荧光光谱仪对 92 件金制品的成分分析结果见表二。

表二　金饰品成分分析结果（wt%）

编号	馆藏号	器物名	金（Au）	银（Ag）	铜（Cu）	铅（Pb）	铁（Fe）
1	947	金带饰	90.8	8.2	0.5	0.0	0.5
2	948	金带饰	86.0	12.1	0.4	0.0	1.5
3	949	金带饰	90.4	8.6	0.4	0.0	0.6
4	950	金带饰	88.2	10.7	0.2	0.1	0.8
5	951	金带饰	90.5	8.0	0.3	0.0	1.2
6	952	金饰	87.7	11.8	0.1	0.2	0.2
7	953	金带饰	90.9	7.8	0.3	0.0	1.0
8	954	金带饰	88.4	10.9	0.2	0.2	0.3
9	955	金带饰	86.4	12.9	0.1	0.1	0.5
10	956	金带饰	89.9	9.4	0.5	0.2	0.0
11	957	金带饰	87.7	5.9	0.4	0.0	6.1
12	958	金带饰	87.1	12.3	0.2	0.1	0.3
13	959	金带饰	92.3	6.3	0.5	0.0	0.9
14	960	金带饰	90.9	8.6	0.2	0.1	0.2
15	961	金带饰	89.6	9.8	0.2	0.2	0.2
16	962-1	金箔饰片	91.6	7.8	0.1	0.2	0.3
17	962-2	金箔饰片	93.9	5.2	0.1	0.1	0.6
18	962-3	金箔饰片	90.9	8.3	0.1	0.2	0.5

编号	馆藏号	器物名	金（Au）	银（Ag）	铜（Cu）	铅（Pb）	铁（Fe）
19	962-4	金箔饰片	93.3	5.3	0.1	0.0	1.3
20	962-5	金箔饰片	91.4	8.0	0.1	0.3	0.2
21	962-6	金箔饰片	91.2	8.2	0.2	0.1	0.3
22	962-7	金箔饰片	91.4	7.8	0.1	0.2	0.5
23	962-8	金箔饰片	91.2	8.0	0.1	0.3	0.4
24	962-9	金箔饰片	91.5	7.8	0.1	0.3	0.2
25	962-10	金箔饰片	91.3	7.9	0.2	0.3	0.3
26	962-11	金箔饰片	90.8	8.3	0.2	0.3	0.4
27	962-12	金箔饰片	91.1	8.0	0.2	0.3	0.4
28	963	金饰片	91.1	8.2	0.1	0.3	0.3
29	964-1	金饰片	90.5	8.5	0.2	0.3	0.5
30	964-2	金饰片	92.3	6.1	0.1	1.5	0.0
31	964-3	金饰片	90.8	8.5	0.1	0.2	0.4
32	964-4	金饰片	90.4	8.6	0.1	0.4	0.5
33	964-5	金饰片	90.9	8.5	0.1	0.3	0.2
34	1000	金带饰	88.4	11.0	0.3	0.1	0.2
35	1187	金带饰	53.4	45.4	0.6	0.3	0.3
36	1188	金带饰	61.2	37.4	0.4	0.6	0.3
37	1189	金车饰	83.3	15.0	0.6	0.7	0.3
38	1190	金车饰	75.5	15.5	0.8	2.0	6.2
39	1393 之 1	金珠（16 枚中的 3 枚）	74.5	18.0	1.1	1.0	5.4
40	1393 之 2		78.1	15.5	0.9	0.6	4.9
41	1393 之 3		78.6	14.5	1.4	0.8	4.7
42	1395 之 1	金泡（27 枚中的 3 枚）	90.7	8.1	0.3	0.4	0.5
43	1395 之 2		84.2	14.5	0.7	0.2	0.3
44	1395 之 3		85.4	13.6	0.7	0.2	0.0
45	1397	金带饰	82.4	16.6	0.3	0.2	0.4
46	1398	金带饰	90.5	7.4	0.2	1.9	0.0
47	1399	金带饰	88.7	10.5	0.2	0.0	0.6
48	1400	金带饰	91.6	6.9	0.2	0.2	1.0
49	1401	金带饰	89.2	10.2	0.1	0.3	0.2

编号	馆藏号	器物名	金（Au）	银（Ag）	铜（Cu）	铅（Pb）	铁（Fe）
50	1402	金带饰	91.9	6.8	0.5	0.2	0.6
51	1403	金带饰	91.2	7.0	0.3	1.0	0.4
52	1404	金带饰	91.5	7.1	0.2	0.9	0.3
53	1405	金带饰	88.5	10.5	0.2	0.3	0.5
54	1406	金带饰	89.7	6.7	0.5	2.1	1.0
55	1407	金带饰	92.2	7.3	0.1	0.0	0.4
56	1408	金带饰	91.9	7.3	0.2	0.1	0.5
57	1409	金带饰	91.2	7.8	0.2	0.1	0.6
58	1410	金带饰	89.0	10.3	0.2	0.2	0.3
59	1411	金带饰	89.1	10.3	0.1	0.2	0.3
60	1412	金带饰	89.1	10.4	0.2	0.1	0.2
61	1413	金带饰	89.3	10.2	0.2	0.1	0.2
62	1414	金带饰	92.1	7.3	0.2	0.0	0.4
63	1415	金带饰	92.2	6.6	0.1	0.1	0.9
64	1416	金带饰	73.5	21.4	4.2	0.3	0.5
65	1417	金带饰	87.0	11.7	0.3	0.1	0.9
66	1418	金饰	86.7	11.7	0.3	0.2	1.0
67	1419	金带饰	86.7	11.8	0.3	0.0	1.3
68	1420	金带饰	85.9	11.7	0.3	0.0	2.1
69	1421	金车饰	86.8	12.0	0.8	0.1	0.2
70	1422	金带饰	86.2	12.1	0.2	0.0	1.5
71	1423	金带饰	91.8	7.1	0.5	0.2	0.3
72	1424	金饰	81.0	18.3	0.6	0.1	0.0
73	1425	金饰	82.0	16.5	1.3	0.2	0.0
74	1426	金饰	79.2	19.8	0.9	0.2	0.0
75	1427	金饰	81.2	17.6	1.1	0.2	0.0
76	1428	金带饰	84.5	13.3	0.9	0.3	0.9
77	2007	金带饰	76.8	22.5	0.5	0.1	0.1
78	2008-1	金带饰	77.7	21.6	0.4	0.2	0.1
79	2008-2	金带饰	79.5	19.6	0.5	0.2	0.2
80	2390-1	金饰	90.4	8.8	0.1	0.3	0.4

编号	馆藏号	器物名	金（Au）	银（Ag）	铜（Cu）	铅（Pb）	铁（Fe）
81	2390-2	金饰	89.7	6.3	0.1	1.5	2.4
82	2390-3	金饰	90.9	8.2	0.1	0.4	0.4
83	2390-4	金饰	88.1	10.8	0.1	0.3	0.8
84	2390-5	金饰	92.2	6.3	0.3	0.6	0.6
85	2391-1	金饰	89.5	9.1	0.1	0.2	1.1
86	2391-2	金饰	82.4	16.7	0.2	0.3	0.4
87	2391-3	金饰	86.1	12.3	0.3	1.0	0.2
88	2391-4	金饰	81.9	17.1	0.2	0.4	0.4
89	2391-5	金饰	86.5	12.4	0.2	0.3	0.5
90	2391-6	金饰	89.2	10.4	0.0	0.2	0.2
91	2391-7	金饰	90.1	8.9	0.2	0.3	0.5
92	2391-8	金饰	88.8	10.5	0.0	0.2	0.5

便携式 X 射线荧光光谱仪对 76 件银制品的成分分析结果见表三。

表三　银饰品成分分析结果（wt%）

编号	馆藏号	器物名	银（Ag）	铜（Cu）	金（Au）	铅（Pb）	铁（Fe）
1	1429	银车饰	97.8	0.7	0.0	0.0	1.6
2	1430	银车饰	98.7	0.5	0.0	0.2	0.6
3	1431	银车饰	90.9	1.6	0.0	1.4	6.1
4	1432	银车饰	99.2	0.7	0.0	0.1	0.0
5	1433	银车饰	91.1	1.5	0.1	6.0	1.3
6	1434	银车饰	73.4	2.6	0.8	15.2	7.9
7	1437	银项饰	98.7	1.1	0.2	0.0	0.0
8	1438	银带环	97.8	0.1	1.1	0.7	0.3
9	1442-1	银饰片	98.5	0.6	0.2	0.3	0.4
10	1442-2	银饰片	99.1	0.4	0.1	0.2	0.2
11	2132-1	银车饰	95.8	1.3	0.6	0.0	2.3
12	2132-2	银车饰	97.9	1.3	0.4	0.3	0.1
13	2132-3	银车饰	97.5	1.3	0.7	0.0	0.5
14	2132-4	银车饰	97.9	1.3	0.6	0.0	0.2

编号	馆藏号	器物名	银（Ag）	铜（Cu）	金（Au）	铅（Pb）	铁（Fe）
15	2132-5	银车饰	97.9	1.2	0.7	0.0	0.2
16	2132-6	银车饰	96.8	1.5	0.7	0.0	1.1
17	2133-1	银车饰	97.9	1.3	0.7	0.0	0.1
18	2133-2	银车饰	97.5	1.4	0.3	0.3	0.5
19	2133-3	银车饰	95.9	1.8	0.4	0.4	1.5
20	2133-4	银车饰	96.0	1.5	0.4	0.4	1.7
21	2133-5	银车饰	97.5	1.5	0.3	0.3	0.4
22	2133-6	银车饰	96.9	1.7	0.3	0.5	0.6
23	2134	银车饰	96.7	2.4	0.0	0.1	0.8
24	2135	银车饰	98.6	1.0	0.2	0.0	0.2
25	2136-1	银车饰	96.4	1.8	0.2	0.4	1.2
26	2136-2	银车饰	98.0	0.9	0.7	0.0	0.4
27	2137	银车饰	97.8	1.0	0.6	0.1	0.5
28	2138-1	银车饰	96.8	1.4	1.1	0.1	0.6
29	2138-2	银车饰	97.6	1.4	1.0	0.0	0.0
30	2139-1	银饰	98.9	0.7	0.1	0.2	0.1
31	2139-2	银饰	98.7	0.9	0.1	0.3	0.0
32	2139-3	银饰	98.6	0.8	0.1	0.2	0.3
33	2139-4	银饰	98.9	0.8	0.1	0.2	0.0
34	2139-5	银饰	98.7	0.7	0.1	0.2	0.3
35	2140-1	银车饰	98.2	0.8	0.6	0.1	0.3
36	2140-2	银车饰	97.1	0.9	0.6	0.1	1.3
37	2140-3	银车饰	98.4	0.7	0.6	0.1	0.2
38	2140-4	银车饰	98.1	0.8	0.6	0.1	0.4
39	2140-5	银车饰	98.4	0.7	0.6	0.1	0.2
40	2140-6	银车饰	98.2	0.8	0.6	0.1	0.3
41	2141-1	银车饰	98.1	1.0	0.4	0.0	0.5
42	2141-2	银车饰	97.2	1.3	1.2	0.1	0.2
43	2142-1	银车饰	98.8	0.8	0.0	0.2	0.2
44	2142-2	银车饰	98.8	0.9	0.3	0.0	0.0
45	2142-3	银车饰	99.2	0.3	0.2	0.0	0.3

编号	馆藏号	器物名	银（Ag）	铜（Cu）	金（Au）	铅（Pb）	铁（Fe）
46	2142-4	银车饰	98.1	0.9	0.8	0.0	0.2
47	2142-5	银车饰	98.9	0.5	0.3	0.0	0.3
48	2142-6	银车饰	98.9	0.5	0.3	0.0	0.3
49	2143-1	银车饰	97.4	1.2	1.0	0.1	0.3
50	2143-2	银车饰	97.4	1.2	1.1	0.0	0.3
51	2143-3	银车饰	97.0	1.4	1.2	0.1	0.3
52	2143-4	银车饰	97.5	1.2	1.0	0.1	0.2
53	2144-1	银车饰	97.6	1.0	1.1	0.0	0.3
54	2144-2	银车饰	97.8	0.9	1.1	0.1	0.1
55	2144-3	银车饰	97.5	1.2	1.1	0.0	0.2
56	2145-1	银车饰	98.6	0.8	0.4	0.1	0.1
57	2145-2	银车饰	98.5	0.8	0.4	0.1	0.2
58	2145-3	银车饰	98.2	0.9	0.4	0.1	0.4
59	2145-4	银车饰	98.5	0.8	0.4	0.1	0.2
60	2145-5	银车饰	98.7	0.6	0.4	0.1	0.2
61	2145-6	银车饰	98.4	0.7	0.4	0.1	0.4
62	2145-7	银车饰	98.6	0.8	0.4	0.1	0.1
63	2145-8	银车饰	98.6	0.8	0.4	0.1	0.1
64	2145-9	银车饰	98.8	0.6	0.4	0.1	0.1
65	2145-10	银车饰	98.6	0.6	0.4	0.1	0.3
66	2146-1	银车饰	96.9	0.9	1.8	0.1	0.3
67	2146-2	银车饰	96.1	1.0	1.8	0.1	1.0
68	2146-3	银车饰	97.3	0.7	1.8	0.0	0.2
69	2146-4	银车饰	97.0	0.8	1.6	0.1	0.5
70	2146-5	银车饰	96.8	0.8	1.7	0.1	0.6
71	2147-1	银车饰	97.6	0.9	0.6	0.0	1.0
72	2147-2	银车饰	98.6	0.5	0.6	0.0	0.3
73	2147-3	银车饰	96.4	0.6	0.6	0.0	2.4
74	2147-4	银车饰	98.0	0.7	0.5	0.1	0.7
75	2148-1	银车饰	97.4	1.6	0.1	0.1	0.7
76	2148-2	银车饰	96.9	1.1	0.1	0.1	1.7

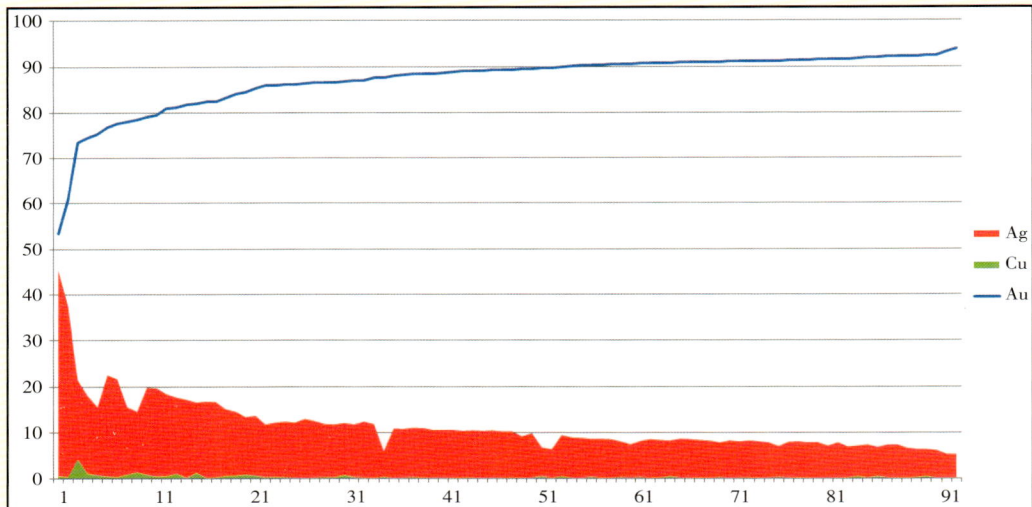

图一三　92 件金饰品的成分分布图

　　需要说明的是，尽管检测时用酒精擦洗了检测面，但不可能将污染物完全去除，因此使用便携式 XRF 检测的数据可能有一定误差。尽管如此，在相同的检测条件下，也能根据检测数据定性研究其合金组成规律。将表二中 92 件金饰品的 Au、Ag 和 Cu 的含量做成图一三。

　　由图表可以看出，92 件金饰样品中，金含量最低者 53.4%，次低者 61.2%，其余 90 件均高于 73%，最高者 93.9%；低于 80% 的 11 件，80% ~ 85% 之间有 9 件，85% ~ 90% 之间有 32 件，高于 90% 的 40 件。由此可见，多数样品的金含量在 90% 左右，银含量在 10% 左右，这是典型的自然金的元素组成。需要指出的是，5 件样品的铁含量为 4.7% ~ 6.2%，较其他样品铁含量高，不排除受到外界污染所致。但 1393 号 3 件金泡样品的铁含量相近，其他成分相似，可能使用了相同的原材料。

　　对于 76 件银制品的成分，其中 74 件样品的成分基本一致，银含量平均值为 97.8%，其余为铜、金、铅和铁等杂质元素；仅有 2 件的成分较为特殊，即铁含量为 6.1% 的 1431 号银车饰和铅、铁含量分别为 15.2% 和 7.9% 的 1434 号银车饰。铁可能来自埋藏过程中的污染，至于铅的来源是否与炼银技术有关，需要进一步研究。

3. 镀锡铜饰件的显微分析结果

　　15 件铜器样品的金相组织观察结果见表四。

　　刘坪墓地出土铜器的 SEM-EDS 分析结果见表五。

　　通过金相组织观察可知，鉴定的刘坪墓地出土 15 件铜器中除 73624 车马器构件为铜锡合金外，其余均为铜锡铅三元合金；15 件铜器均为铸造成型，但部分铜器经退火、局部热锻和表面镀锡处理；样品中大多包含细小的铜硫化物夹杂，部分样品夹杂物中还含铁与硒，应与炼铜使用的铜矿种类有关。

表四　青铜器样品金相分析结果

器物名称	样品编号	金相组织	制作工艺
铜牌饰	73621（方形）	α 枝晶偏析消失，（α＋δ）共析体中 α 有聚集现象，细小铅颗粒与少量硫化夹杂物沿枝晶均匀分布。存在单侧镀锡层，与镀锡层接触部位的铜基体有等轴晶和孪晶的分布带。晶间存在滑移带，可能为使用过程中或镀锡处理时造成	铸造，局部热锻、镀锡（图一四）
	73622（镂空）	基体为 α 固熔体树枝状偏析，晶界间分布有大小不一的（α＋δ）共析体，少量灰色硫化亚铜夹杂物和少量铅颗粒。局部存在少量滑移带	铸造
	73616	基体为 α 固熔体，晶界存在不同程度的锈蚀。晶界间分布少量硫化亚铜夹杂物和较多黑色铅颗粒	铸后退火
铜泡	73617	基体大多已锈蚀，唯可见残留的 α 固熔体以及晶界间分布的较多硫化亚铜夹杂物和铅颗粒	铸造（图一五）
	73623	基体为 α 固熔体，局部锈蚀，为层状锈蚀。晶界分布少量细小（α＋δ）相和较多大小不一的铅颗粒，多呈球状、条状，少量细小硫化亚铜夹杂物。存在单侧镀锡层	铸造，局部热锻、镀锡（图一六）
车马器构件	73613	基体为 α 固熔体大晶粒，晶内偏析程度不高。晶粒间隙分布有较多硫化亚铜夹杂物和铅颗粒，铅颗粒多呈大块圆形和条状	铸后退火
	73624	基体为 α 树枝晶，局部层状锈蚀。（α＋δ）共析体沿枝晶间隙均匀分布，同分布有少量硫化亚铜夹杂物	铸造
	73619	基体为 α＋（α＋δ）树枝晶组织，样品一侧共析体已经锈蚀，该区域内锈蚀部分有较多细小红铜颗粒。晶界间隙分布有较多细小硫化亚铜夹杂物和少量细小铅颗粒	铸造（图一七）
车饰	73615	基体为 α＋（α＋δ）树枝晶组织，细小共析体连结成网。大量细小铅颗粒弥散分布，极少量硫化夹杂物分布。存在单侧镀锡层	铸造，镀锡（图一八、一九）
车軎	73614	基体为 α 固熔体，晶界分布少量（α＋δ）相、少量硫化物夹杂和铅颗粒。存在单侧镀锡层	铸造，镀锡
伞构件	73618	基体为 α 固熔体，（α＋δ）相形态细小，边缘部分 α 相已锈蚀。铅颗粒多大小不一呈球状和条状，分布于中间条带区域	铸造
残片	73620	基体为 α 固熔体，晶粒较大，晶界清晰，晶间分布较少（α＋δ）共析体，晶界间隙分布有少量硫化物夹杂和较多的铅颗粒，铅颗粒大小不一，多呈球形	铸后退火（图二〇）
	73612	基体为 α 固熔体，晶粒间隙分布有较少硫化夹杂物与较多铅颗粒，铅颗粒多呈粗大多角和条状、块状	铸造
盖弓帽	73611	基体 α 树枝状晶粗大，（α＋δ）共析体较多，均匀分布于枝晶间隙。枝晶间隙有较多细小硫化夹杂物、少量黑色细小铅颗粒以及少量红铜颗粒	铸造（图二一）
	73610	基体 α 树枝状晶体粗大，（α＋δ）共析体较多，均匀分布于枝晶间隙，部分区域存在共析体锈蚀，有少量细小硫化夹杂物和少量黑色细小铅颗粒。晶内存在滑移带，应是使用过程中造成的	铸后退火

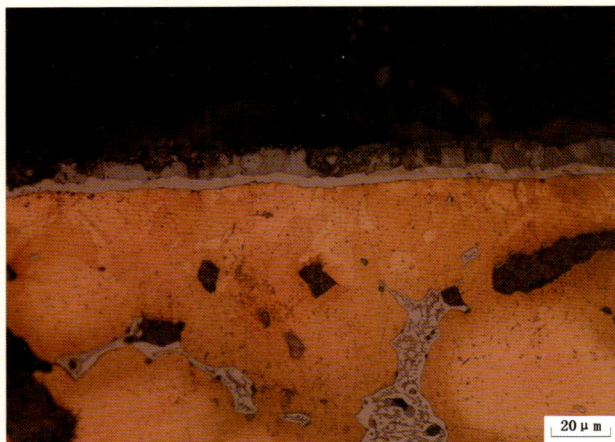

图一四　73621 的金相组织

单侧镀锡层，与镀锡层接触的铜基体有孪晶、等轴晶组织

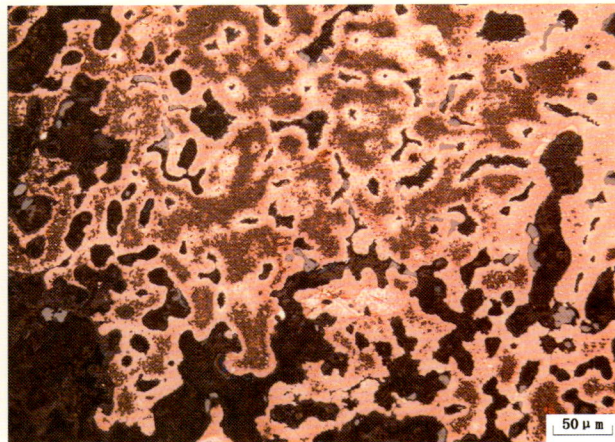

图一五　73617 的金相组织

α 固熔体，晶体不规则，晶间分布灰色铜的硫化夹杂物

图一六　73623 的金相组织

α 固熔体，单侧镀锡，与镀锡层接触的铜基体有孪晶、等轴晶组织

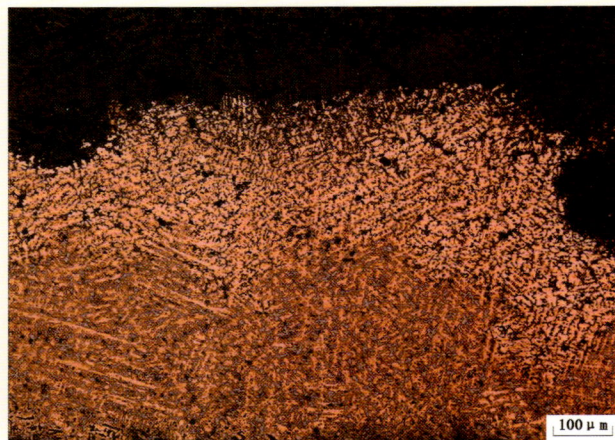

图一七　73619 的金相组织

铸造后的枝晶结构

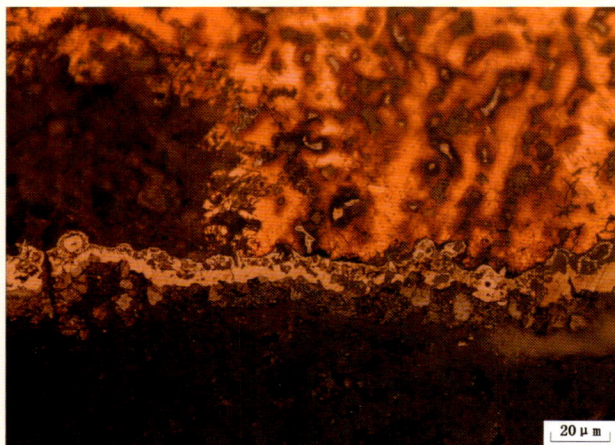

图一八　73615 的金相组织

镀锡层显微结构

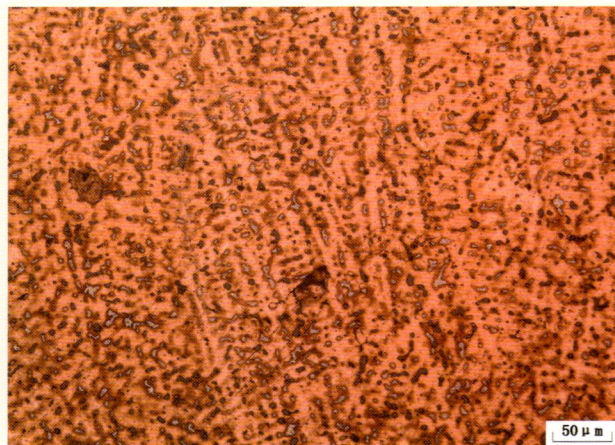

图一九　73615 的金相组织

α +（α + δ）树枝晶组织，含铅 11.3%

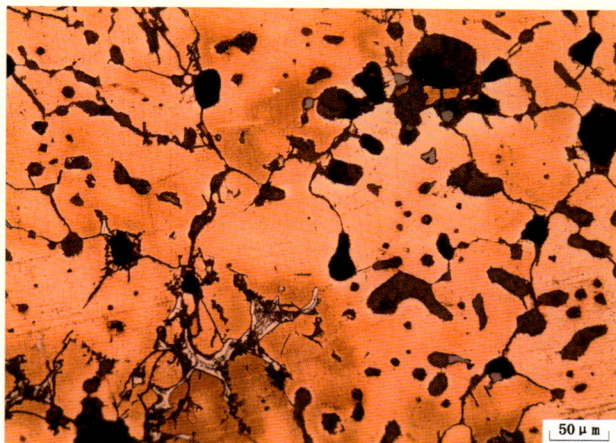

图二〇　73620 的金相组织

α 固熔体，晶间分布共析体、铜的硫化夹杂物和铅颗粒

图二一　73611 的金相组织

α 相间共析体弥散分布，并有自由铜沉积

表五　青铜器样品扫描电镜能谱分析结果

编号	器物名称	分析部位	主要成分（wt%）			相应物相判断
			铜（Cu）	锡（Sn）	其他	
73614	车軎	镀锡层最内层（图二二部位 1）	67.7	30.3	O：2.0	$\delta + (\alpha + \delta)$
		镀锡层内层（图二二部位 2）	64.2	30.6	As：0.4 Pb：2.4 Cl：0.8	$\delta + (\alpha + \delta)$
		镀锡层内层（图二二部位 3）	67.7	30.7	O：1.6	$\delta + (\alpha + \delta)$
		镀锡层外层（图二二部位 4）	34.0	45.6	O：12.4 As：1.2 Pb：4.5 Si：0.5 Cl：1.8	锈蚀
		镀锡层内层（图二三部位 6）	71.3	27.0	O：1.7	$\delta + (\alpha + \delta)$
		镀锡层外层（图二三部位 7）	60.8	37.7	O：1.5	ε
		镀锡层最外层（图二三部位 5）	10.9	64.1	O：20.3 Pb：3.6 Si：0.5 Cl：0.6	锈蚀
		铜基体局部（图二四部位 9）	89.7	10.3		锡青铜
		镀锡层内层靠外侧（图二四部位 8）	26.9	42.1	O：14.8 As：1.7 Pb：11.4 Cl：1.8 Ca：1.3	锈蚀
		镀锡层内层靠内侧（图二四部位 10）	71.6	26.6	O：1.8	$\delta + (\alpha + \delta)$

编号	器物名称	分析部位	主要成分（wt%）			相应物相判断
			铜（Cu）	锡（Sn）	其他	
73614	车軎	镀锡层外层靠内侧（图二四部位11）	60.9	37.8	O：1.3	ε
		镀锡层外层靠外侧（图二四部位12）	12.2	66.7	O：20.1 Cl：0.9	锈蚀
		镀锡层最内层（图二五部位13）	68.9	29.4	O：1.7	δ+（α+δ）
		镀锡层内层（图二五部位14）	56.8	39.2	O：4.0	ε
		镀锡层外层（图二五部位15）	46.3	44.3	O：9.4	ε
		镀锡层最外层（图二五部位16）	8.6	63.5	O：19.3 Pb：8.5	锈蚀
		镀锡层最内层（图二五部位17）	16.6	51.4	O：16.8 Pb：13.6 P：1.6	锈蚀
		镀锡层外层（图二五部位18）	8.8	54.9	O：17.3 Pb：18.0 P：0.9	锈蚀
		镀锡层外层（图二五部位19）	17.9	51.4	O：17.7 As：1.6 Pb：10.1 P：1.3	锈蚀
		镀锡层夹杂物（图二五部位20）	77.6		O：1.4 S：19.3 Se：1.7	硫化物夹杂
		铜基体	74.9	14.8	O：2.7 Pb：6.5	铜锡铅青铜
73615	车饰	最外层（图二六部位2）	62.0	36.1	O：1.9	ε
		外层（图二六部位3）	61.8	37.4	O：0.8	ε
		内层（图二六部位4）	67.2	31.4	O：1.4	δ
		最内层（图二六部位5）	69.2	27.9	O：1.0 As：2.1	δ+（α+δ）
		铜基体局部（图二六部位6）	88.6	10.1	O：1.2	锡青铜
		夹杂物（图二七部位7）	65.2		S：25.6 Fe：9.1	硫化物夹杂
		铜基体	78.5	9.6	O：1.7 Pb：10.2	铜锡铅青铜
73621	铜牌饰	内层（图二八部位1）	66.4	32.0	O：1.5	δ
		外层（图二八部位2）	61.0	37.2	O：1.8	ε

编号	器物名称	分析部位	主要成分（wt%）			相应物相判断
			铜（Cu）	锡（Sn）	其他	
73621	铜牌饰	外层（图二八部位3）	60.1	36.5	O：3.4	ε
		外层（图二八部位4）	58.4	38.4	O：3.2	ε
		外层（图二八部位5）	55.8	38.8	O：5.4	ε
		铜基体局部（图二八部位6）	89.9	10.1		锡青铜
73623	铜泡	最外层（图三〇部位2）	6.6	48.8	O：18.7 Pb：12.9 Fe：7.2 Si：3.5 Mg：0.5 P：0.6 Cl：1.0	锈蚀
		最外层（图三〇部位3）	37.9	24.1	Pb：38.0	
		中层（图三〇部位4）	63.1	36.9		ε
		内层（图三〇部位5）	69.2	30.8		δ
		铜基体（图三〇部位6）	89.2	10.8		锡青铜
		夹杂物（图三一部位7）	81.3		S：18.7	硫化物夹杂
		铜基体	77.5	8.9	Pb：13.6	铜锡铅青铜

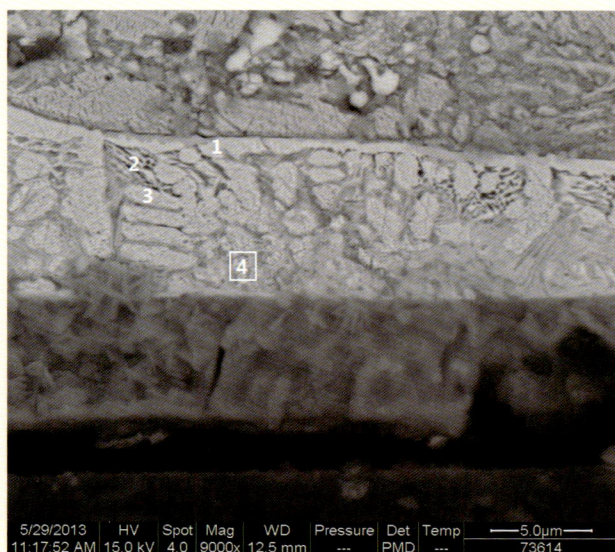

图二二　73614 镀锡层背散射电子像

镀锡层现存总厚度约5μm，为δ+（α+δ）相，外侧剥落。可见镀锡层最内有一层致密薄层，接着是孔洞较多的层，两者铜锡含量比差异不大，可归为同一层

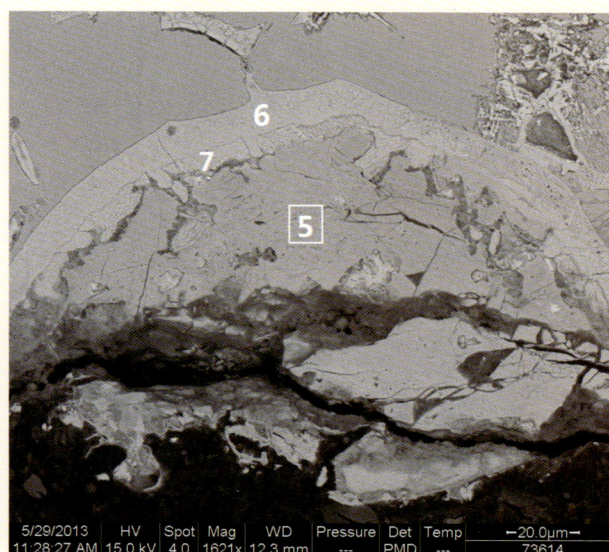

图二三　73614 镀锡层背散射电子像

图中部位6为δ+（α+δ）相、7为 ε 相

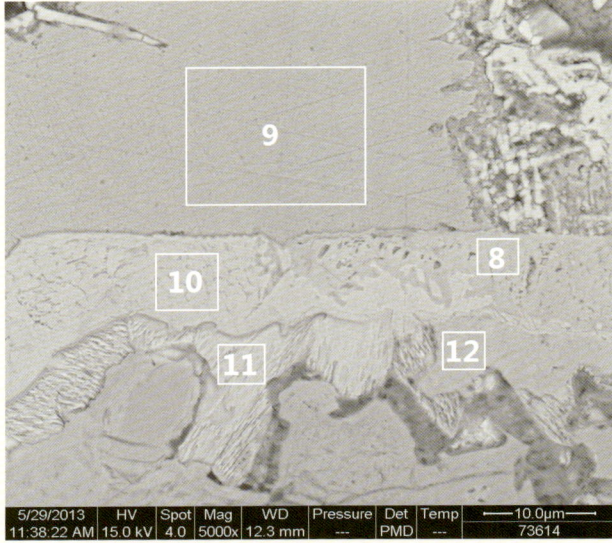

图二四　73614 镀锡层背散射电子像

图中部位 10 为孔洞较多的 δ+（α+δ）相，部位 11 为 ε 相，部位 8 与 12 为因锈蚀导致铜流失

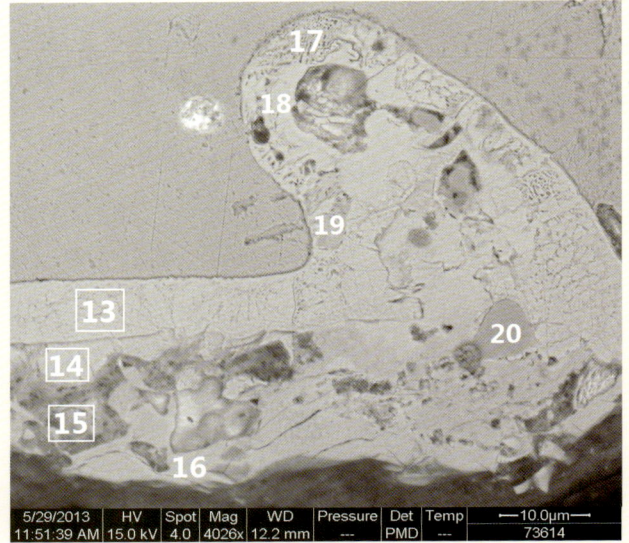

图二五　73614 镀锡层背散射电子像

图中部位 16~19 均含有 8%~18% 不等的铅，部位 20 为硫化物夹杂（Cu：77.6%；O：1.4%；S：19.3%；Se：1.7%），部位 13 为 δ+（α+δ）相，部位 14 和 15 为 ε 相

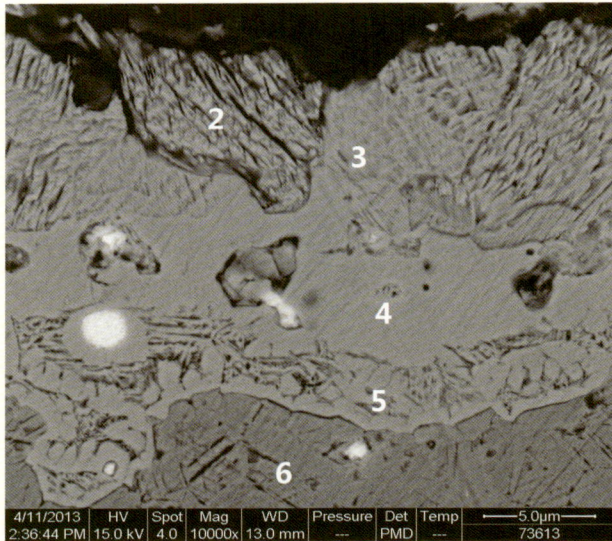

图二六　73615 镀锡层背散射电子像

图中镀锡层可分三层，总厚约 18μm，层层交错。由内到外分别为：空隙多的 δ+（α+δ）相、部位 4 的 δ 相，部位 2 与部位 3 的 ε 相。白点为铅颗粒，部位 6 为铜基体

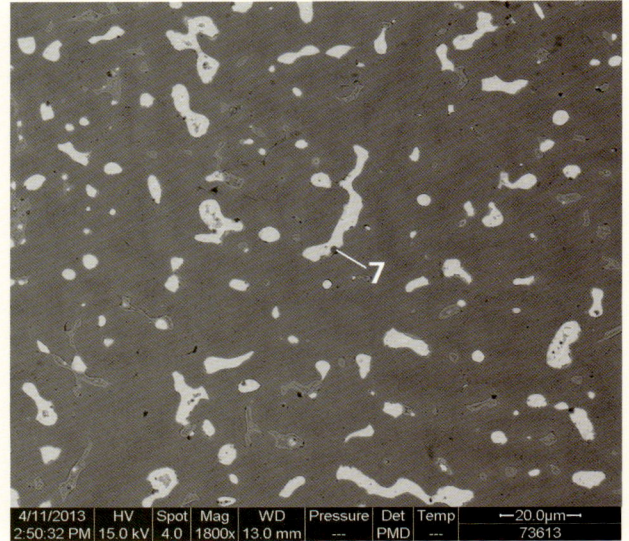

图二七　73615 硫化夹杂物背散射电子像

图中白色的为铅颗粒，灰色基体为铜的 α 相，浅灰同深灰交错者为（α+δ）相，黑色者为孔洞。部位 7 为硫化夹杂物（Cu：65.2%；S：25.6%；Fe：9.1%）

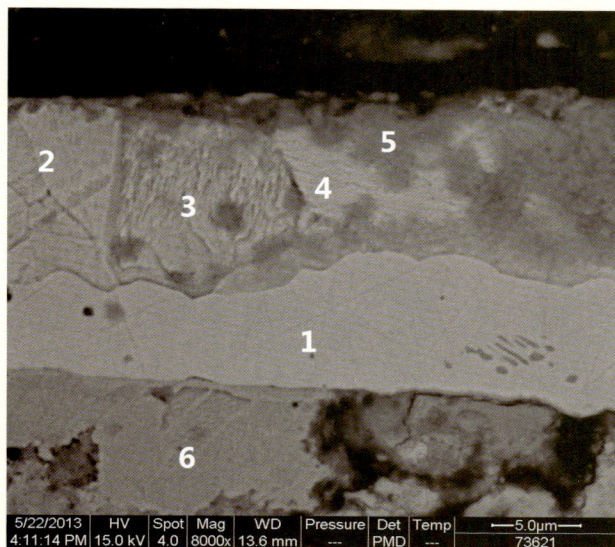

图二八　73621 镀锡层背散射电子像

图中可见镀锡层本身分为两层，总厚约 $16\mu m$。由内到外依次为：部位 6 的铜基体、部位 1 的 δ 相，部位 2~5 的 ε 相

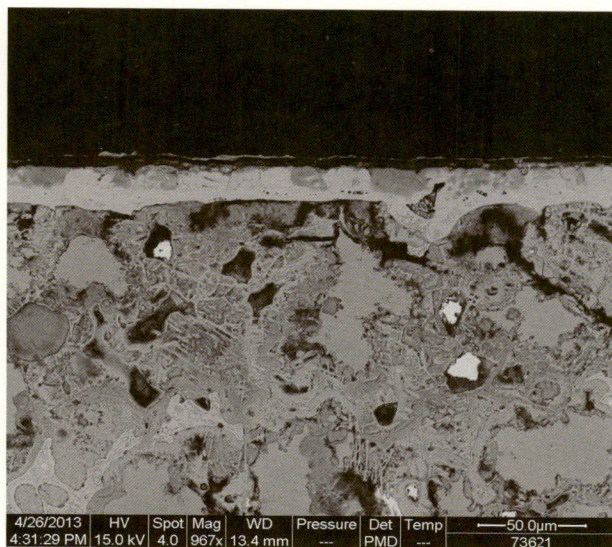

图二九　73621 镀锡层背散射电子像

图中可见，镀锡层与铜基体分层明显。而镀锡层凹陷处无明显分隔界限，当为铜器表面缺陷，为镀锡层填平。镀锡处理时，只有流动性强的液态锡才可填充基体凹陷

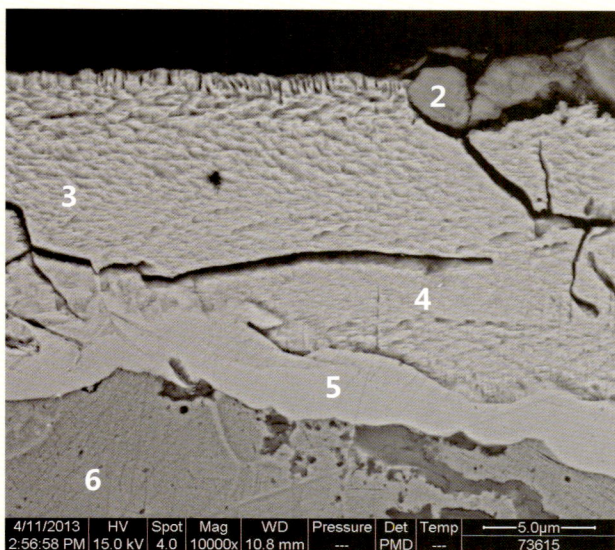

图三〇　73623 镀锡层背散射电子像

图中镀锡层本身分为四层，总厚约 $18\mu m$，层层交错，靠外侧的部位 2、3 已锈蚀。部位 6 到部位 4 依次分别为：铜基体、δ 相、ε 相

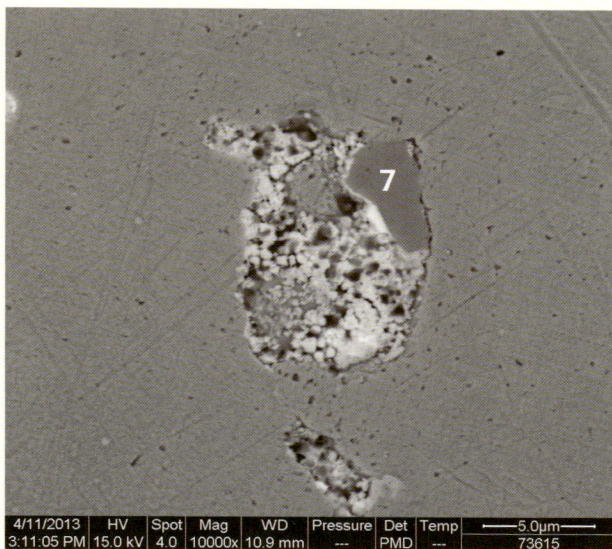

图三一　73623 硫化夹杂物背散射电子像

图中灰色基体为铜的 α 相，白色黑色交错者为铅颗粒与孔洞，部位 7 为铜的硫化夹杂物（Cu：81.3%；S：18.7%）

四　几点讨论

1. 刘坪墓地出土金银制品的成分与制作工艺

清水刘坪墓地与张家川马家塬墓地、秦安王洼墓地地理位置相近，文化性质相同，出土器物的制作技术应差别不大。从检测结果来看，三处墓地出土金银制品的成分与制作工艺基本相同。我们已对马家塬和王洼墓地出土的金银制品进行了检测分析[5]，可进行初步比较。

从成分来看，马家塬和王洼墓地出土金制品均不是纯金，主要元素组成为金和银，银含量主要分布在 3%～18% 之间，最高可达 35%；铜含量绝大多数分布在 0.3%～2% 之间，部分样品未检测出铜，仅少数样品检测出约 3% 的铜。这些金制品的平均铜含量绝大多数在 3% 以下，都含有较高的银，而且无明显合金配比规律，并非纯金制品，应为自然金。刘坪墓地出土金制品的成分与之类似，也应由自然金制成。刘坪墓地银制品的成分与马家塬墓地出土银制品的成分相似，都不是纯银，均含有一定量的金和少量的铜，但成分并不十分稳定。

从制作工艺来看，马家塬和王洼墓地出土金制品的制作技术主要为锻打和焊接，也有少量器物铸造而成，还采用了冲压、打磨、掐丝、镶嵌宝石和颜料、金珠工艺等技术手段，并以錾刻和模压的方法在金制品表面制作纹饰与图案。而刘坪墓地出土金制品主要为片饰，其制作工艺与马家塬墓地金制品的制作工艺并无二致。银制品的制作工艺也反映出相同的规律。

总之，通过三处墓地金银制品的成分和制作工艺的比较，进一步深化了对战国晚期这一地区戎人金银加工工艺的认识。

2. 刘坪墓地出土铜器表面镀锡工艺

镀锡工艺具有美化器物外观、增强金属器物抗腐蚀性的特点。以往研究表明，铜器表面富锡可分三种情况：铸造中锡的反偏析、选择性腐蚀铜流失后锡的相对富集和人工表面镀锡。其中人工表面镀锡的方法又可分为热镀锡（热涂镀锡或者热浸锡）、鎏锡或鎏铜锡（铅）合金、锡石（SnO_2）还原镀锡等。

不同成因下青铜器表面富锡层显微组织存在差异。铸造中锡的反偏析主要是降温时金属液收缩，器表枝晶间形成孔隙，残余的富锡低熔点液体因负压进入孔隙，甚至迁移到器表，导致器表平均锡含量高于内部。其显微结构观察表面组织为（α＋δ）共析体，与基体有连接，不存在明显分界，多发生于低锡青铜表面[6]。选择性腐蚀主要是因为埋藏环境导致富锡位与富铜位的电势差，富铜位优先锈蚀而流失，造成锡的相对富集。其显微组织结构观察中可见其原铸造形态，富锡层与基体不存在明显分界。锡石(SnO_2)还原镀锡样品富锡层中会存在（α＋δ）共析体，与铜基体分界也不明显[7]。而热镀锡样品的镀锡层与基体界限明显，镀锡层本身多分层，往往会存在锡层填补基体表面"砂眼"的现象，与镀锡层接触的基体局部通常有孪晶、等轴晶组织。但多位学者表示鎏锡或鎏铜锡（铅）合金也可得到与热镀锡样品类似的锡层结构。

此次刘坪镀锡样品的 SEM–EDS 分析结果显示，该批富锡青铜合金中锡的质量分数在 8.9% ~ 14.8% 之间波动。富锡层由内向外锡含量逐渐增加，质量分数在 24.1% ~ 44.3% 之间波动，与青铜基体之间锡含量差别很大。铜基体表面基本平整，与富锡层之间分界明显，富锡层中不存在（α + δ）共析体，与铜基体之间存在明显分界，样品表面多处存在锡层填补基体表面"砂眼"的现象，可判定这些表面富锡青铜器并非锡石还原法、锡的反偏析、选择性腐蚀造成，而是人工液态镀锡技术，即热镀锡（热涂镀锡或者热浸锡）或鎏锡 / 鎏铜锡（铅）合金技术。

目前对中国古代青铜器表面富锡技术的分歧主要集中在热镀锡与鎏锡 / 鎏铜锡（铅）合金两种方法上[8]。国内已有多位学者进行了模拟实验，其中吴元康、姚智辉、马清林、张少昀等人分别使用不同比值的锡汞齐或富锡铜汞齐对青铜器表进行鎏镀，不同温度下驱汞时，锡层内物相变化进行分析。结果显示锡含量在10% 左右的青铜基体表面鎏镀时，均要在 400~600℃ 之间长时间保温驱汞，才可以达到与我国古代青铜镀锡层相同的结构，温度过低驱汞不完全，温度过高会形成高温铜锡固熔体，溶解较多的汞，导致器表发黑；并表明驱汞处理及长时间的埋藏会导致不稳定汞化合物分解流失，汞的残留与否不足以区分热镀锡与鎏锡技术。但汞有很强的扩散性与渗透性，在汞含量高的部位会出现扩散印[9]，该类模拟试验中也出现因渗透铜基体严重受损的情况[10]。从热镀锡模拟实验来看，皆不存在这些现象。上海博物馆使用高锡青铜膏剂进行镀锡，从外观与结构上得到了与吴越兵器剑上相似的菱形纹饰[11]；姚智辉对热镀锡技术进行了多项模拟实验，包括高锡青铜膏剂法、高锡青铜合金液蘸涂法、纯锡液蘸涂法、贴锡箔 / 片法以及热浸锡法，其中后三种方法得到的镀锡层内层结构同云南古典地区锡层结构与厚度极为相似[12]。

刘坪铜器表面富锡样品的镀锡层与青铜基体分界明显，基体中不见汞齐扩散痕迹，镀锡层本身分二到四层，最厚区域大多在 16~18μm 之间，各分层之间相互交错，其界限不很规则，组织及成分有差异。内层为孔洞较多的 δ +（α + δ）相或致密的 δ 相，外层为 ε 相，最外层零散分布有高锡氧化物，因埋藏环境而引入氧、硅、钙、氯、镁、铁等元素。层相偶有缺失，当同镀锡工艺过程、锈蚀脱落等原因有关。镀锡层中的铅不是以铅颗粒形式分布于内层结构，就是以化合物形式分布在锈蚀部位，而铜基体内均含铅，故判断铅颗粒为基体中引入。由此可判断，刘坪墓地出土表面富锡样品系热镀锡所成，且非含铅合金液的镀锡过程。

张家川马家塬、秦安王洼、清水刘坪及宁夏南部等地东周遗址与墓葬有类似青铜文化背景，其出土的青铜器镀锡层结构与厚度也极为相似，当属同一镀锡技术的产物。对这些镀锡器表面纹饰的显微观察，可见花纹边缘较平直，无明显扩散迹象，镀锡层与青铜表面有明显的打磨痕迹，痕迹方向平行连续[13]。从而判断该地区热镀锡技术总体程序为：器表打磨抛光—热镀锡—加热（退火？）—再次打磨平整。

3. 不同地区青铜镀锡技术的比较

中国在西周早期已确定出现铜器镀锡技术[14]，但商代是否有镀锡青铜器尚有疑问。《中国兵器史稿》一书中提及安阳殷墟出土的一件红铜头盔表面光亮，可能为镀锡制品[15]，但未有具体分析检测进行，故不能判定其是否存在镀锡层。何堂坤先生对河南信阳罗山天湖等遗址出土商代青铜器进行了分析，指出部分表面富锡铜器系镀锡处理而成[16]，但这些表面成分分析数据仅为表面锈蚀层的成分，所给出的照片亦没有明显的镀层结构，因此可能是锈蚀原因引起的富锡现象。何堂坤先生还对北京琉璃河墓地出土西周早期的兵器和车马器进行检测，指出部分样品经镀锡处理[17]，但从其发表的图片来看，富锡层与基体界限不明显，器表分析数据显示均为锈蚀层，样品表面富锡现象并非人工镀锡的结果，也是器物表面选择性锈蚀导致锡相对富集。目前我国最早的镀锡青铜器当为甘肃灵台白草坡西周墓出土西周早期的虎形铜钺、戈[18]与陕西岐山宋家庄遗址出土西周中期的镀锡铜短剑[19]。

从镀锡青铜器出土地区分布情况来看，主要集中在 "半月形文化传播带"地区，如陕甘宁地区、内蒙古鄂尔多斯地区、四川盆地及峡江流域的晚期巴蜀文化区、云南的古滇文化区[20]。其中北方草原地区以内蒙古凉城毛庆沟墓地出土为最多，其余主要集中在甘肃东部、宁夏固原和陕西宝鸡的陕甘宁地区。迄今国内已发表实验分析结果的镀锡铜器共47件，本文仅列出陕甘宁和北方草原地区的24件镀锡铜器的检测的数据（表六），以比较不同地区镀锡技术。

表六　中国北方地区镀锡器分析数据统计表

出土地点	器物	年代	镀锡层描述	文献
甘肃灵台白草坡	戈6件	西周早期	与基体分界明显，镀锡层由内至外组织：[（α+δ）+δ]-ε，镀锡层厚度15～30μm	[21]
甘肃天水、礼县一带	青铜鋬带钩	春秋时期	与基体分界明显，镀锡层由内至外组织：[（α+δ）+δ]-ε，内层花边孔洞区有大量铅的氧化物堆积层厚13μm，外层致密区厚12μm	[22]
宁夏固原彭堡撒门村	透雕三角形饰	春秋晚期至战国早期	与基体分界明显，镀锡层由内至外组织：[（α+δ）+δ]-ε-η 脱落（未锈蚀部分：内层花边空洞区厚10μm，外层较致密区厚7~13μm）	[23]

出土地点	器物	年代	镀锡层描述	文献
宁夏固原肖家磨	鸟形饰	春秋晚期至战国早期	与基体分界明显，镀锡层由内至外组织：[（α+δ）+δ]-ε-η 脱落（未锈蚀部分：内层花边空洞区厚 10μm，致密区厚 3~5μm，较致密区厚 6μm）	[23]
宁夏固原彭堡撒门村	透雕三角形牌饰	春秋晚期至战国早期	与基体分界明显，镀锡层由内至外组织：ε-η-氧化锡锈蚀层，总厚 10μm	[24]
宁夏固原	腕饰		与基体分界明显，镀锡层由内至外组织：[（α+δ）+δ]-ε-η 少量分布，总厚 20μm	[24]
内蒙古凉城毛庆沟	M5：6 虎纹牌饰	战国初期	与基体分界明显，镀锡层由内至外组织：[（α+δ）+δ]-ε，总厚 50~90μm，内层 18~40μm，外层 24μm	[25]
内蒙古凉城毛庆沟	M5：4 双鸟形牌饰	战国初	与基体分界明显，镀锡层由内至外组织：[（α+δ）+δ]-ε-（ε+η），总厚 65μm，内层 29μm，中层 17μm，外层 13μm	[25]
内蒙古凉城毛庆沟	M43：2 带扣	战国初	与基体分界明显，镀锡层由内至外组织：ε-η，总厚 10μm	[25]
内蒙古凉城毛庆沟	M74：5 虎纹牌饰	战国初至秦	与基体分界明显，镀锡层由内至外组织：[（α+δ）+δ]-ε，总厚 20~25μm	[25]
内蒙古凉城毛庆沟	M31：1 双鸟形牌饰	战国初期至秦	与基体分界明显，镀锡层由内至外组织：[（α+δ）+δ]-ε-（ε+η），总厚 85~100μm，中层较薄 6μm，内层最厚 38μm，外层 41μm	[25]
内蒙古凉城毛庆沟	M55：4 透雕虎纹牌饰	战国末至秦	与基体分界明显，镀锡层由内至外组织：[（α+δ）+δ]-δ-ε，三层，厚 20~30μm	[25]
甘肃清水刘坪	73614 车軎	战国中晚期	与基体分界明显，镀锡层由内至外组织：[（α+δ）+δ]-ε，内层花边孔洞区厚 5~8μm，外层致密区厚 2~10μm	
甘肃清水刘坪	73615 车饰	战国中晚期	与基体分界明显，镀锡层由内至外组织：[（α+δ）+δ]-δ-ε，内层花边孔洞区厚 2~5μm，中层致密区厚 2~8μm，外层致密区厚 5~8μm	
甘肃清水刘坪	73621 方形铜牌饰	战国中晚期	与基体分界明显，镀锡层由内至外组织：δ-ε，内层致密区厚 6~11μm，外层致密区厚 12~16μm	
甘肃清水刘坪	73623 镂空铜泡	战国中晚期	与基体分界明显，镀锡层由内至外组织：δ-ε-锈蚀氧化锡，内层致密区厚 2~4μm，中层致密区厚 10μm，外层锈蚀 4μm	
甘肃马家塬	方形镂空铜车饰 T2	战国晚期	与基体分界明显，镀锡层由内至外组织：[（α+δ）+δ]-ε-η-氧化锡锈蚀，内层花边孔洞区厚 4~9μm，致密区厚 5~10μm，零碎分布的高锡相，锈蚀	[26]
甘肃马家塬	三角形镂空铜车饰 T5	战国晚期	与基体分界明显，镀锡层由内至外组织：[（α+δ）+δ]-ε-η，外层高锡相零散分布	[26]

出土地点	器物	年代	镀锡层描述	文献
甘肃马家塬	方形镂空铜车饰 T6	战国晚期	与基体分界明显，镀锡层由内至外组织：[（α+δ）+δ]-ε-η-锈蚀，内层较薄，各层相叠交分布	[26]
甘肃马家塬	方形镂空铜车饰 T7	战国晚期	与基体分界明显，镀锡层由内至外组织：ε-η-锈蚀	[26]
甘肃马家塬	铜管残片	战国晚期	与基体分界明显，镀锡层由内至外组织：ε-η-锈蚀，内层 5μm，外层 13μm，总厚度约 18μm	[27]
甘肃马家塬	管状车饰残件	战国晚期	与基体分界明显，镀锡层由内至外组织：[（α+δ）+δ]-ε-η-锈蚀，内层花边孔洞区有铅颗粒 3~5μm，中层致密区有铅颗粒 5~10μm，外层无铅颗粒 3~5μm，锈蚀 8~20μm，总厚度 18~20μm	[27]

从表六和其他已发表数据可知，从西周早期至战国末，这些镀锡青铜器除兵器外，以饰件为主。镀锡层与基体分界明显，厚度集中在 15~30μm 之间，镀锡层本身分层，由内至外多以 [（α+δ）+δ]-ε-η 结构为主，外层的 η 与 ε 相多被镀锡后打磨抛光除掉。ε-η 结构者陕甘宁地区春秋晚期至战国早期有 2 件，北方草原地区有 1 件；δ-ε 结构者陕甘宁地区战国中晚期有 2 件。镀锡层各层厚度略有变化，但该种镀锡层结构组织上的差异并非工艺不同造成，而与富锡工艺中加热温度、续热时间有关。基本可判定我国北方草原及陕甘宁地区使用的青铜表面镀锡工艺的手段基本统一，均系热镀锡工艺为主的表面富锡工艺，先将器表进行打磨抛光处理，然后进行热镀锡，镀锡后退火加热，最后再将表面多余的镀料打磨至器表平整。

热镀锡工艺下的镀锡层厚度及结构同加热处理的时间与温度、后期打磨有关。若镀锡层厚度控制得当，既可得到美丽的外观，达到保护青铜基体作用的同时，又可节约贵重的锡料，是热镀锡技术成熟的标志。从西周早期到战国晚期，陕甘宁和北方草原地区青铜镀锡层总厚度基本集中在 20μm 左右，前后差异不大，且趋于统一，说明该地区镀锡工艺于西周时期就已达到较高水平，镀锡器的制作可能已进入标准化生产阶段。出现这一现象的原因是否与周原地区相对集中的铸铜工业有一定的联系，可进一步探究。内蒙古凉城毛庆沟墓地出土样品镀锡层总厚度统一性不高，从 10~100μm 不等，波动大，且镀锡层厚度与器物形制没有明显的相关性，所以，毛庆沟青铜镀锡技术的掌握程度可能不及陕甘宁地区，产品标准化程度不高。至于两者之间的联系，两者与关中、中原乃至西南地区镀锡技术的关系，以及中国古代镀锡技术的起源与传播研究，也是需要进一步解决的问题。

五　结论

通过显微组织观察、成分分析等方法，对清水刘坪墓地出土金银铜器的成分和制作技术进行了检测分析，结果表明：

金银制品方面，刘坪墓地的金银制品纯度不高，均含有较多的其他杂质元素，为使用自然金和未经提纯的银制作而成，主要使用了捶揲、冲压、打磨和錾刻等方法，制作器物形状和表面纹饰。

铜器方面，除 73624 车马器构件为铜锡合金外，其余均为铜锡铅三元合金，系铸造成型，有的经过退火、局部热锻和表面镀锡处理。表面富锡样品系热镀锡加工所成，锡层分二到四层，最厚区域大多在 16~18μm 之间，各分层之间相互交错，其界限不很规则，组织及成分有差异。内层为孔洞较多的 $\delta+(\alpha+\delta)$ 相或致密的 δ 相，外层为 ε 相。推测热镀锡工序为：器表打磨抛光—热镀锡—退火处理—再次打磨平整。通过镀锡层厚度的分析，判定陕甘宁地区战国时期的镀锡工艺可能已进入标准化生产阶段。

刘坪墓地金银和铜器制品与张家川马家塬、秦安王洼等戎人墓地出土金属制品的成分与加工工艺相同，本文的检测结果结果，为进一步深化对战国晚期这一地区的戎人金银加工工艺的认识提供了新资料。

参考书目

［1］李晓青、南宝生：《甘肃清水县刘坪近年发现的北方系青铜器及金饰片》，《文物》2003 年第 7 期；许成、李进增：《东周时期的戎狄青铜文化》，《考古学报》1993 年第 1 期。

［2］甘肃省文物考古研究所、张家川回族自治县博物馆：《2006 年度甘肃张家川回族自治县马家塬战国墓地发掘简报》，《文物》2008 年第 9 期；早期秦文化联合考古队、张家川回族自治县博物馆：《张家川马家塬战国墓地 2007 ～ 2008 年发掘简报》，《文物》2009 年第 10 期。

［3］甘肃省文物考古研究所：《甘肃秦安王洼战国墓地 2009 年发掘简报》，《文物》2012 年第 8 期。

［4］罗丰、韩孔乐：《宁夏固原近年发现的北方系青铜器》，《考古》1990 年第 5 期。

［5］黄维、陈建立、王辉等：《马家塬墓地出土金属的技术研究——简论战国时期中西文化交流》，北京大学出版社，2013 年。

［6］何康、李洋、潘春旭：《湖北出土战国青铜剑表面富锡层的材料学特征》，《材料保护》2012 年第 45 卷第 11 期。

［7］N.D. Meeks., Tin-rich Surfaces on Bronze-some Experimental and Archaeological

Considerations. *Archaeometry* 28, 1986(2):pp.133~162.

［8］马清林、大卫·斯科特：《甘肃灵台白草坡西周早期青铜戈镀锡技术研究》，《文物》2014 年第 4 期。

［9］张少昀、秦颍：《加热过程中古代铜镜表面"锡汞齐"相变分析》，《光谱学与光谱分析》2010 年第 10 期。

［10］马清林、大卫·A·斯科特：《春秋战国时期镀锡青铜板带镀锡技术研究》，《文物科技研究》（第五辑），科学出版社，2007 年。

［11］谭德睿、廉海萍、吴则嘉等：《2500 年前中国青铜兵器表面合金化装饰技术研究》，《上海有色合金及特种铸造国际会议论文集》，1998 年。

［12］姚智辉：《晚期巴蜀青铜器技术研究及兵器斑纹工艺探讨》，科学出版社，2006 年。

［13］黄维、陈建立、王辉、吴小红：《马家塬墓地金属制品技术研究——兼论战国时期西北地区文化交流》，北京大学出版社，2013 年。

［14］同［8］。

［15］周纬：《中国兵器史稿》第 169 ~ 170 页，生活·读书·新知三联书店，1957 年。

［16］何堂坤、欧潭生：《罗山固始商代青铜器科学分析》，《中原文物》1994 年第 3 期。

［17］何堂坤：《几件琉璃河西周早期青铜器的科学分析》，《文物》1988 年第 3 期。

［18］甘肃省博物馆文物组：《灵台白草坡西周墓》，《文物》1972 年第 12 期；马清林、大卫·斯科特：《甘肃灵台白草坡西周早期青铜戈镀锡技术研究》，《文物》2014 年第 4 期。

［19］陈建立、种建荣、雷兴山：《宋家庄遗址出土西周中期镀锡铜器的研究》，待刊。

［20］孙淑云、李晓岑、姚智辉、韩汝汾：《中国青铜器表面镀锡技术研究》，《文物保护与考古科学》2008 年第 4 期。

［21］同［8］。

［22］马清林、苏伯明、胡之德、李最雄：《中国文物分析鉴别与科学保护》第 181 ~ 187 页，科学出版社，2001 年。

［23］孙淑云：《宁夏固原春秋战国时期两件青铜饰物表面镀锡层的 SEM-EDS 分析与研究》，《文物科技研究》第五辑，科学出版社，2007 年；罗丰、韩孔乐：《宁夏固原近年发现的北方系青铜器》，《考古》1990 年第 5 期。

［24］韩汝玢、埃玛·邦克：《表面富锡的鄂尔多斯青铜饰品的研究》，《文物》1993 年第 9 期。

［25］韩汝玢、埃玛·邦克：《表面富锡的鄂尔多斯青铜饰品的研究》，《文物》1993 年第 9 期；陈畅：《毛庆沟墓地年代学研究》，《考古与文物》2001 年第 1 期。

［26］邵安定、梅建军、陈坤龙、周广济、王辉：《张家川马家塬战国墓地出土金属

饰件的初步分析》，《文物》2010 年第 10 期。

[27] 黄维、陈建立、吴小红、王辉、周广济：《马家塬墓地出土表面富锡铜器研究》，《商周青铜器的陶范铸造技术研究》，文物出版社，2011 年。

[叁]

出土遗物

◎ 侯红伟　王辉

一　兵器和工具

所发现兵器和工具均以青铜制作。兵器主要为戈、短剑、镞和鹤嘴斧。

戈均为三穿，援首成圭形或蛇首形。

镞分有铤和有銎两类，镞身有双翼、三翼、三棱和扁舌形等四种。

短剑的剑首有环首、球首、蕈首等种类，剑格可分为一字格、心形格和无格三种。

工具中发现有刀。刀背有直背和弧背两类，刀柄有直柄、曲柄和直柄环首三种。

I 铜刀

馆藏号 380
长 29、宽 3 ~ 4 厘米

　　刀柄方首，无阑，刀身扁平，刀背略弧，弧刃略内凹，刀柄至刀尖一端宽度逐渐增加，至近刀尖处弧收。刀柄饰网格纹。

2 环首铜刀

馆藏号 1111
长 22、宽 1.5 厘米

扁平直柄，环首，弧背，弧刃，柄与削身分界明显。

1203-1

1203-2

0 ———— 2 厘米

3 铜刀

馆藏号 1203-1、1203-2

长分别为 16、14 厘米，宽均为 1.3 厘米

　　直柄方首，柄与刀身相接处分界明显。刀身自刀
背向刃部逐渐变薄，刀背略弧，刃较平，刀身宽度自
柄身交界处至刀尖一端逐渐减小。素面。

0   2 厘米

4 铜刀

馆藏号 2010
长 19、宽 1.4 厘米

    刀柄方首，靠近柄首处有一方形镂孔，柄上方有一长方形凸起，柄与刀身交界处不明显。刀身扁平，刀背略弧，直刃，宽度自柄身交界处至刀尖一端逐渐减小。素面。

5 铜镞

馆藏号 644
长 3 厘米

双翼宽平，前锋锐利，后锋尖锐略呈钩形，镞身瘦长，有短圆棍形铤。

6 铜镞

馆藏号 1288
长 2、宽 1.8 厘米

一端为圆形銎，镞身呈扁舌形。外饰三道凹弦纹。

7 铜镞

馆藏号 643
长 2.7 ~ 3.7 厘米

三翼平直，前锋锐利，后锋成尖或稍平，镞体较宽大，管銎。

8 铜镞

馆藏号 641
长 3.9 ~ 6.1 厘米

双翼平直，前锋锐利，后锋成尖，镞身有脊，铤较长。

9 铜镞

馆藏号 642
长 2.2 ~ 4.7 厘米

三棱状，前锋略钝，无翼，镞身较短。

10 铜镞

馆藏号 1263
长 3、宽 1.2 厘米

一端为圆形銎，另一端呈扁舌形。这类铜镞
也有可能是装饰品。

II **环首铜短剑**

馆藏号 704

长 18 厘米

环形剑首，扁茎，剑格呈半圆形外凸，垂锷弧收，尖锋。

12 球形首铜短剑

馆藏号 1282

长 43、宽 3 ~ 3.6 厘米

无剑格，扁球形剑首，圆柱形茎，上饰
三道粗箍，间以弦纹五周。垂锷弧收，尖锋。
中起脊棱，脊上有纹饰，锈蚀不清。

I3 环首铜短剑

馆藏号 2005
长 21、宽 4 厘米

圆环形剑首，扁茎，茎中间有一道长条形
镂孔，一字格，锷斜收，尖锋，中起脊棱。

I4 菌首铜短剑

馆藏号 2339
长 20、宽 2.4 厘米

扁平菌形剑首，扁茎，茎中部有一道凹槽，
两侧饰平行斜线纹，宽格，锷斜收，尖锋，中
起脊棱。

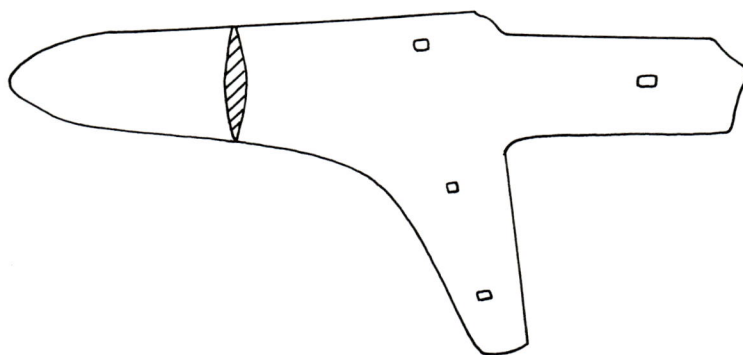

15 铜戈

馆藏号 2009
长 12.2、宽 6 厘米

直内近长方形，上有一长方形穿。阑不明
显。援较短，宽度自援内交界处逐渐收束成锋，
胡短于援，有三穿。做工较粗糙。

0   2 厘米

16 铜戈

馆藏号 2617

长 20.5、宽 11 厘米

直内近长方形，上有一长条形穿。阑部明显，上有一道凸棱。援前锋尖削呈圭形，上刃较平直，下刃在援胡相接处作弧线，胡斜直有刃，三穿。

17 铜戈

馆藏号 2618
长 22.5、宽 11.5 厘米

直内较长，近长方形，上有一长条形穿。
阑部明显。援狭长，最大宽出现在近锋处，前
锋尖削，中部起脊，上刃略弧，下刃在援胡相
接处作弧线，胡狭长有刃，三穿。

I8 铜鹤嘴斧

馆藏号 1204

长 11 厘米

较长一端呈鹤嘴状，另一端斧形，扁刃，椭圆形銎。

二　车构件、车马饰和马具

车构件均为青铜制作。主要为车軎、伞杠箍和盖弓帽。车軎有一体式和分体式两类，形状有截锥形和尖锥形两种。多素面，仅一件饰夔龙纹，有兽首辖。

车马饰有金、银、铜等质地，铜饰件多采用镀锡工艺。装饰于车轭、车衡、车辀、车舆、车轮、车毂等部位。装饰于车舆和车轮、车毂部位的饰件多有镂空花纹。轭饰为饰卷云纹的亚腰方体管状铜饰件。长方形铜饰件一般装饰在车衡或车轭上。车辀饰多为长方形金、银饰片，金、银饰片多为素面，也有饰瓦棱纹者。折角形铜饰件装饰于车舆四角或车舆后门上，周边多饰水波纹或索状纹。车轮上的装饰品包括弧边三角形、桃形、三角形、梯形的镂空铜饰件和弧形、较大的三角形镂空银饰件。车毂上装饰有小型三角形镂空银饰件。车舆饰主要为方形镂空的铜饰件和银饰件，在车舆周边多以动物造型的金银饰件和宽长条形镂空银饰件装饰。车舆后门饰由折角形、长条形和亚腰形铜饰件组成，周边多饰水波纹或索状纹。金、银、铜饰件的镂空花纹以相互勾连的"S"形纹占绝大多数。动物造型主要为大角羊和虎。

马具和马饰包括马衔、当卢、节约和铜泡。马衔有单节双环和双节双环衔两类。当卢多呈桃形。节约主要为十字形和环形者。铜泡种类丰富，有草帽形、鸟形、四出花边形、圆形、山字形、双鸟形和蜷曲的动物形等多种。

19 铜车害

馆藏号 920
长 15.5、直径 5 厘米

近锥形，一端呈二阶台状封顶，另一端为圆形銎。

20 铜车害

馆藏号 921
长 18.5、直径 5 厘米

近锥形，一端呈二阶台尖状封顶，另一端套接筒状箍。箍上饰凸弦纹一周。

2I 铜车辖

馆藏号 922
长 14、直径 4.3 厘米

失辖。近车轮一端呈喇叭形，有长方形辖孔，饰一周箍状凸棱。末端收束成截锥形。

22 铜车辖

馆藏号 923
长 8.5、底径 7.5、上径 3.5 厘米

中部有一箍状凸棱，近车轮一端呈圆台形，有辖，内存朽木。

1167-1   1167-2

23　铜车軎、车辖

铜车軎：馆藏号 1167-1、1167-2
铜车辖：馆藏号 1167-3、1167-4
軎长 11.6、辖长 10 厘米

车軎近筒形，较细一端封口，较粗一端
对开长方形辖孔，通体饰夔龙纹。辖为兽首
状，圆眼立耳。

1167-3   1167-4

24 铜轭首

馆藏号 924-1
长 10.5、边长 2.6 厘米

　　方口，一端封闭，腰略内收，侧面有小圆孔。
正面阴刻卷云纹，侧面阴刻双勾线卷云纹。

25 亚腰形铜后门饰

馆藏号 930
长 12、宽 3.5 厘米

亚腰形，有两个近方形穿孔，正面略鼓，边缘饰一周阴线绳索状纹，背面内凹。

26 亚腰形铜后门饰

馆藏号 1291-8
长 12、宽 4 厘米

此类器物共 8 件。亚腰形，正面鼓起，在中部形成一道脊棱，边缘饰一周锯齿纹，背有两桥形纽。

931-1

931-2

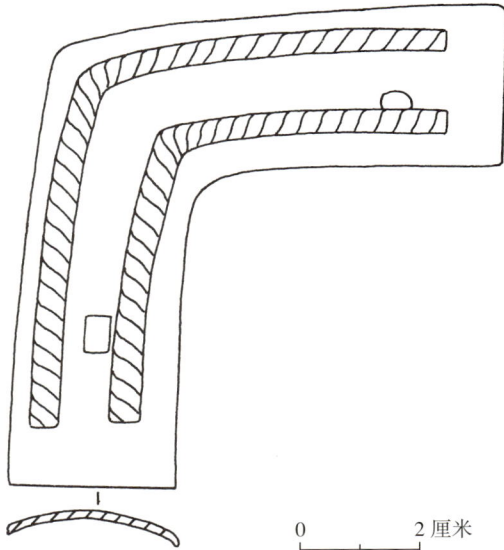

0   2 厘米

931-1

27 曲尺形铜车舆饰

馆藏号 931-1、931-2
长 8、宽 2.8 厘米

　　曲尺形。两端各有一个近方形穿孔。正面
微鼓，中部略成脊，两边各饰一周阴线绳状纹，
背面凹。

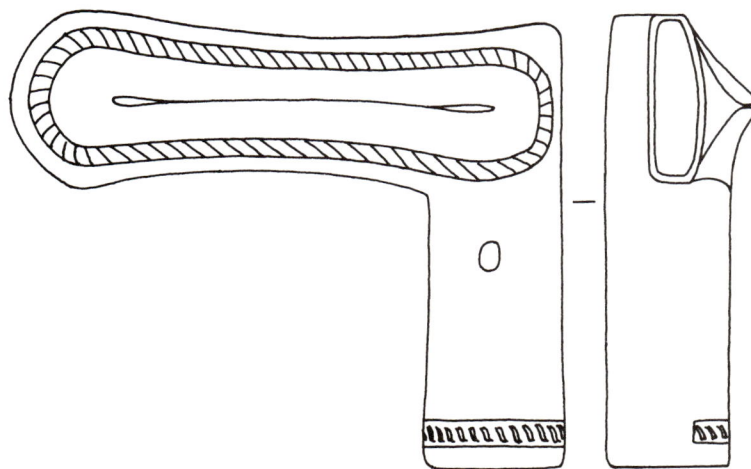

0   2 厘米

28 曲尺形铜车舆饰

馆藏号 2012
长 9、宽 7.5 厘米

    曲尺形，一端呈圆管形，一端截面呈梯形。表面饰一周索状纹。圆管形一端有圆孔。

0   2 厘米

29 曲尺形铜车舆饰

馆藏号 1292-4
长 7.8、宽 6.8 厘米

    曲尺形，一端呈圆管状，另一端截面呈
梯形。表面饰锯齿纹。转折处有穿。

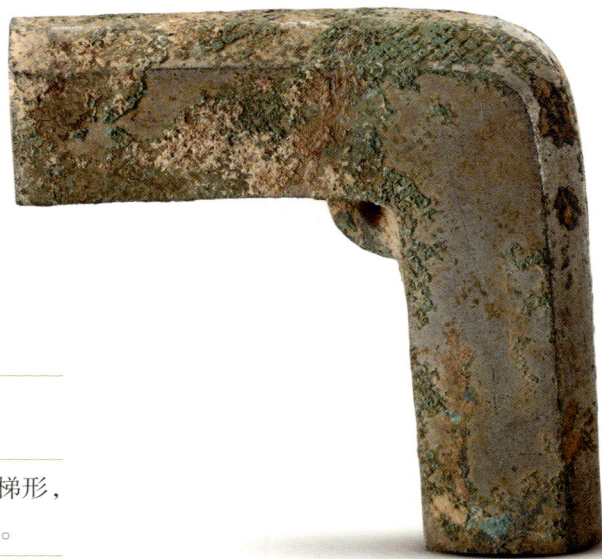

30　曲尺形铜车舆饰

馆藏号 1252
边长 7.5 厘米

曲尺形，管状空心。两端截面均呈梯形，
内角有一纽，上有小穿。表面饰网格纹。

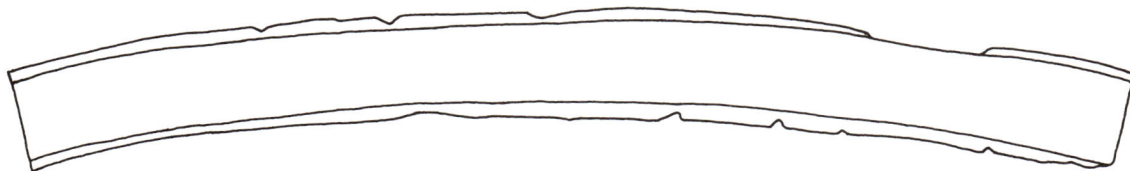

0 ⊢—⊣ 2 厘米

31　长条形金饰片

馆藏号 963
长 18.5、宽 1.8 厘米

用薄金片打制。素面。在靠近长边边缘
处有平行于长边的压痕。

962-1

962-2

962-3

962-4

962-5

962-6

32 长方形金箔饰片

馆藏号 962-1 ～ 962-12
长 4.7、宽 2.5 厘米

　　共 12 片。以薄金片锻打制成。素面。中间有两道平行于短边的压痕，边缘残留有剪切痕。

962-7

962-8

962-9

962-10

962-11

962-12

964-1

964-2

964-3

33 瓦棱纹金饰片

馆藏号 964-1 ~ 964-5
长 8 ~ 9.5、宽 3.7 厘米

共 5 片。以薄金片捶打出瓦棱纹，瓦棱平行
于短边，两条长边上各有一排小圆孔，每道瓦棱的
两端各对应一个孔。

964-4

964-5

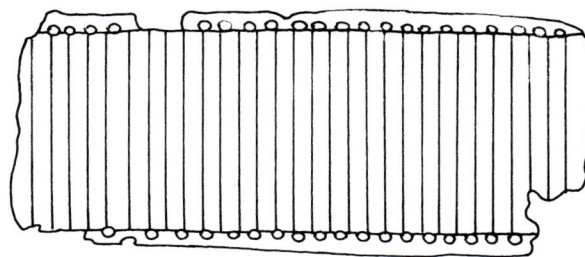

0　　　　2厘米

964-3

1442-1

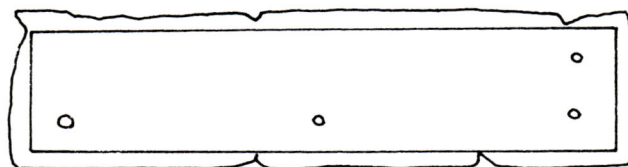

0   2 厘米

1442-2

34 长方形银饰片

馆藏号 1442-1、1442-2
长 8.2 厘米

用薄银片制成。长方形，在靠近边缘处有平行于边的压痕。素面。1442-1 在一角有一个钉孔。1442-2 在三个角及中部偏一侧的位置各一个钉孔。

2141-1

2141-2

35 半弧形银车饰

馆藏号 2141-1、2141-2

长 10 ~ 14、宽 5.3 厘米

饰相互勾连的镂空 "S" 形纹，部分镂空。两
端及弧形边缘上共有六个钉孔。饰件上有钉孔，应
是钉在车轮上使用的装饰品。

2139-2

36 半弧形银车饰

馆藏号 2139-2 ~ 2139-5
长 15.8 ~ 19.5、宽 5.5 厘米

　　4 件。根据花纹可以分为两组，2139-2、2139-4 为一组，
2139-3、2139-5 为一组。前者是以轴对称、有相互勾连的两组"S"
形纹构成的镂空花纹，中间以竖条带间隔。后者的图案纹样与
前者基本相同，区隔的竖条带上錾刻有小圆点，"S"形花纹上
也錾刻有细线。饰件上有钉孔，应是钉在车轮上使用的装饰品。

2139–3

2139–4

2139–5

2142-1

37 三角形银车饰

馆藏号 2142-1 ～ 2142-6
底边长 15.8、高 9 厘米

共 6 件，形状、花纹和尺寸基本相同。均为等腰直角三角形。纹样母题为镂刻出相互勾连的 "S" 形纹样，中部为柿蒂纹，在边框和 "S" 形纹样上錾刻有细线。以纹样的细微差别可分为两组，2142-1、2142-2、2142-4 车饰在柿蒂上有錾刻的圆点纹，细线纹为单线；余 3 件为另一组，不见圆点纹，细线纹为双线。应是装饰在车轮上的装饰品。

2142-2

2142-3

2142-4

2142-5

2142-6

2143-1

2143-2

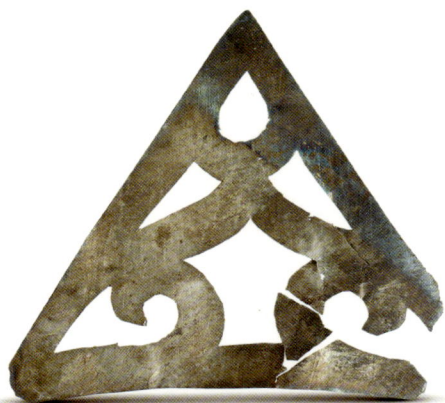

2143-3

2143-4

38 三角形银车饰

馆藏号 2143-1 ~ 2143-4
底边长 5.5、高 3.5 厘米

一组 4 件。整体形状呈等腰锐角三角形，内镂空形成变体鸟喙图案。可能为车毂上的装饰品。

2144-1

2144-2

2144-3

39 三角形银车饰

馆藏号 2144-1 ～ 2144-3
底边长 9、高 4 厘米

一组 3 件。形状、花纹和尺寸一致。整体呈等腰三角形，底边略外弧。内镂空形成相互勾连的"S"形纹。角上有钉孔，应该是车轮上的装饰品。

2145-1

2145-2

2145-3

2145-4

40 三角形银车饰

馆藏号 2145-1 ～ 2145-10

边长 9.5、高 5.6 厘米

　　一组 10 件。形状、花纹和尺寸一致。整体呈等边三角形，内镂空形成有 "S" 形纹组成的对称的鸟喙或羊角形图案。角上有钉孔，应为车轮饰件。

2145-5

2145-6

2145-7

2145-8

2145-9

2145-10

2146-1

4I 三角形银车饰

馆藏号 2146-1 ~ 2146-5
边长 7.5、高 7 厘米

　　共 5 件。形状和尺寸相同。整体均等边三角形，内镂空形成有 "S" 形组成的鸟纹。鸟纹的表现方法各不相同。2146-1 在鸟身和边框上錾刻双细线，鸟头在左侧，鸟喙向右；2146-2、2146-5 在鸟身和边框上錾刻双细线和短线纹，鸟头在下，鸟喙向上；2146-3 在鸟身和边框上錾刻细线纹，鸟头在右侧，鸟喙向左；2146-4 在鸟身和边框上錾刻双细线纹，鸟头在下，鸟喙向上。边框及花纹上有与之形状相似的双细线纹。这些银饰片角上有钉孔，应为车轮饰件。

2146-2

2146-3

2146-4

2146-5

2147-1

42 长方形银车饰

馆藏号 2147-1 ~ 2147-4
长 12.5、宽 5 厘米

　　一组 4 件。形状、尺寸和花纹相同。整体呈略带弧边的长方形，边框内镂空出勾连的"S"形构成的变体鸟纹。边框及鸟身上錾刻单细线纹，局部錾刻圆点纹。边框上有钉孔，应是车轮饰件。

2147−2

2147−3

2147−4

2140-1

2140-2

43 长方形银车饰

馆藏号 2140-1 ～ 2140-6
长 10、宽 7.6 厘米

　　一组 6 件，形制和花纹形同。以斜轴对称的方式镂刻出相互勾连的"S"形花纹，在边框和"S"形花纹上錾刻有细线，"S"形花纹相交的地方錾刻圆点纹。边缘有钉孔，应该是装饰在车厢边缘的装饰品。

2140-3

2140-4

2140-5

2140-6

1433

1434

1433

1434

0　　　　　　　2厘米

44 长方形银车饰

馆藏号 1433、1434
1433：长 3、宽 1.8 厘米
1434：长 3、宽 1.8 厘米

长方形框内镂空形成斜线对称的弧边三角形和半
月形。角部有钉孔，具体装饰部位不明。

2148-1

2148-2

45 长条形银车饰

馆藏号 2148-1、2148-2

长 13、宽 4.8 厘米

　　一组 2 件。整体呈长方形，边框内镂空出大小不一的"S"形勾连形成对称的对鸟纹。边框及鸟身錾刻单细线纹，鸟头部錾刻圆点纹。边框及鸟身上有钉孔，应为车轮或车舆边缘的装饰品。

2132-1

2132-2

46 虎形银车饰

馆藏号 2132-1 ～ 2132-6
长 8、高 4.7 厘米

　　一组 6 件。以银箔片剪切成虎形。虎作
行走状，嘴大张，虎耳向后，尾向上卷起。
在虎头上錾刻出菱形代表眼睛，虎口处錾刻
小圆点表现胡须，虎身和颈部也錾刻出线纹。
该虎形饰与马家塬墓地出土的同类事件基本
相同，马家塬墓地的虎形饰装饰于车舆边缘，
推测刘坪遗址虎形饰的用途应与之相同。

0　　　　2 厘米

2132-2

2132-3

2132-4

2132-5

2132-6

1431

1430

1432

0 _____ 2 厘米

1431

1432

47 大角羊形银车饰

馆藏号 1430 ~ 1432

长 3.3、高 2.4 厘米

　　共 3 件。形状和大小基本相同。以捶揲法在薄银片上捶打出大角羊造型。正面隆起，背面凹下，边缘经剪切。羊作跪卧状，前蹄搭于后蹄之上，首前伸，圆眼立耳，颌下有须，大角上卷至背部，尾上卷呈 "S" 形。用途也应是车舆边缘的装饰品。

48 大角羊形银车饰

馆藏号 1429
长 3、高 3 厘米

　　以捶揲法在薄银片上捶打出大角羊形象。正面隆起，背面凹下，边缘经剪切。羊作行走状，首前伸，圆眼立耳，颌下有须，角上卷至后背，尾残。

49 大角羊形银车饰

馆藏号 2133-6
长 5.8、高 5.6 厘米

　　以银箔剪切成大角羊形。羊作行走状，背上有前曲的角状物，尾上翘。躯干和颈部錾刻细线纹，前腿部錾刻圆点纹，蹄部錾刻短线纹。

50 大角羊形银车饰

馆藏号 2133-1
长 5.8、高 5.6 厘米

以银箔剪切成大角羊形。羊作行走状，
首前伸，嘴微张，圆眼，角卷曲至背部，背
部有前曲的钩，尾上翘。下唇、角、颈部、
背部上方錾刻圆点纹。

5I 大角羊形银车饰

馆藏号 2133–2

长 5.8、高 5.6 厘米

以银箔剪切成大角羊形。羊作行走状，
首前伸，嘴微张，杏眼立耳，角卷曲至背部，
背部有前曲的钩，尾上翘。唇、角錾刻圆点纹，
颈部、躯干和后足錾刻细线纹。

52 大角羊形银车饰

馆藏号 2133-3
长 5.8、高 5.6 厘米

　　以银箔剪切成大角羊形。羊作行走状，首前伸，嘴微张，圆眼立耳，角向上卷曲至背部，背上有前曲的角状物，头前部亦有前伸的角状物，尾上翘。身体轮廓周围錾刻细线纹，角状物和颈部亦錾刻细线纹，唇部和尾部錾刻短斜线，角部錾刻圆点纹。

53 大角羊形银车饰

馆藏号 2133-4

长 5.8、高 5.6 厘米

以银箔剪切成大角羊形。羊作行走状，首前伸，嘴微张，圆眼立耳，角向上卷曲至背部，背上有前曲的角状物，头前部亦有前伸的角状物，似为璎珞类装饰，尾上翘。身体轮廓和颈部周围錾刻细线纹，背部角状物、角、蹄尾部錾刻圆点纹。

54 大角羊形银车饰

馆藏号 2133–5

长 5.8、高 5.6 厘米

　　以银箔剪切成大角羊形。羊作行走状，首前伸，嘴微张，
圆眼立耳，角向上卷曲至背部，背上有前曲的角状物，头前部
亦有前伸的角状物，似为璎珞类装饰，尾上翘。颈部、躯干和
头前部角状物上錾刻细线纹，蹄部錾刻细短线，角、唇部錾刻
圆点纹。

55 大角羊形银车饰

馆藏号 2134
长 7.7、高 6 厘米

以银箔剪切成大角羊形。羊作腾跃状，首前伸，嘴大张，舌外吐，似在鸣叫。圆眼略凸，耳向后，角上卷至后背，背部有前曲的角状物，头部似有璎珞装饰，尾卷曲上翘呈"S"形。身体轮廓周边錾刻有细线纹，腿部和角上錾刻有圆点纹。在羊的上唇、下唇、头顶、角外侧、前蹄、后蹄、臀部、尾部共残存九个钉孔。

56 大角羊形金车饰

馆藏号 1189

长 3.5、高 3 厘米

　　以捶揲法在薄金片上捶打出大角羊造型，正面隆起，背面凹下，边缘经剪切。羊作行走状，首前伸，杏眼立耳，颌下有须，角上卷至背部，尾亦上翘于背。

0　　　　　2厘米

57 大角羊形金车饰

馆藏号 1190

长 3.5、高 3 厘米

以捶揲法在薄金片上捶打出大角羊造型，正面隆起，背面凹下，边缘经剪切。羊作行走状，首前伸，杏眼立耳，颌下有须，角上卷至背部，尾亦上翘于背。

0 —————— 2厘米

0   2 厘米

58 金车饰

馆藏号 1421

长 5.8、宽 3 厘米

残。边框内镂空形成"S"形纹，边框及花纹上錾刻单细线纹。

59 银车饰

馆藏号 2135

长 18.8、宽 3.8 厘米

形似感叹号。镂空形成连续勾连的"S"形纹组成忍冬纹的图案，錾刻细线和圆点装饰。

01

03

02

60 银车饰

无馆藏号（编号 01 ~ 03）
01：长 6.3、宽 4.5 厘米
02：长 5.3、宽 4.9 厘米
03：长 7.3、宽 5.2 厘米

均残断。边框内镂刻形成连续勾连的"S"形纹组成
的忍冬纹或变体鸟纹，并錾刻细线和圆点装饰。

2136-1

2136-2

61 长方形银车饰

馆藏号 2136-1、2136-2
长 4.7、宽 3.7 厘米

长方形，大小一致，图案有别。2136-1 镂空形成左右对称
的类似凹底"凸"字形纹样。2136-2 号镂空形成上下、左右对
称的四个凹底"凸"字形纹样。

62 亚腰长方形银车饰

馆藏号 2137
长 13.2、宽 4 厘米

亚腰长方形。边框内镂空形成连续"S"形纹，局部錾刻
小圆点，边框及花纹上錾刻细线纹。四角各有一个钉孔。

2138-1

2138-2

63 弧形银车饰

馆藏号 2138-1、2138-2
长 19.5、宽 4.5 厘米

　　一组 2 件。边框内镂空形成连续勾连的 "S" 形纹组成的忍冬纹。应为车轮上的饰件。

64 方形铜车舆饰

无馆藏号（编号 04）
长 15、宽 14.3 厘米

　　方形。以相互勾连的四组 "S" 形组成
类似变体鸟纹的镂空纹样。应是装饰在车舆
上的装饰品。

0　　2厘米

0   2厘米

65 弧边三角形铜车轮饰

无馆藏号（编号 05）
底边长 11.5、高 11 厘米

弧边三角形。内饰镂空变体鸟纹。应是
装饰在车轮上的装饰品。

66 弧边三角形铜车轮饰

无馆藏号（编号06）
底边长19、高14.5厘米

　　弧边三角形。内饰镂空变体对鸟纹。
应是装饰在车轮上的装饰品。

0　　　2厘米

0   2厘米

67 弧边三角形铜车轮饰

无馆藏号（编号 07）

底边长 14、高 12 厘米

弧边三角形。内饰镂空变体对鸟纹。应
是装饰在车轮上的装饰品。

68 桃形铜车轮饰

无馆藏号（编号 08）
长 13.5、高 14 厘米

桃形。内饰镂空变体对鸟纹。应是装饰在车轮上的装饰品。

0　　2厘米

69 三角形铜车饰

馆藏号 1182
底边长 11.6、高 13 厘米

三角形。纹样为变体鸟纹。

70 梯形铜车饰

馆藏号 1183

上边长 4.3、下边长 13、高 13.8 厘米

梯形。纹样抽象，似鸟亦似兽。

0   2 厘米

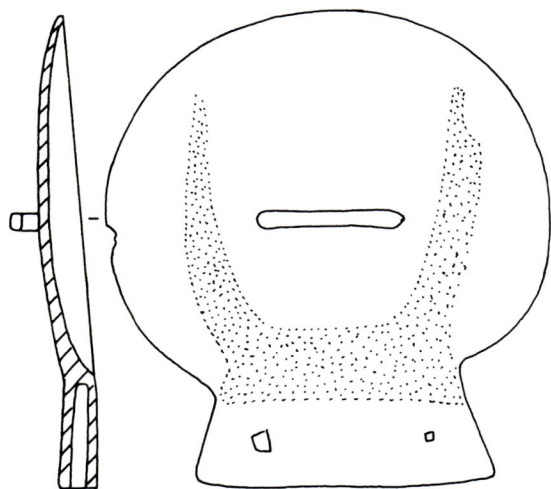

71 铜车饰

馆藏号 1184

直径 7.3、高 8 厘米

　　上部为圆饼形，下部有梯形銎，銎两面均有双孔，圆饼中部有纽。或为轭饰。

0 _____ 2 厘米

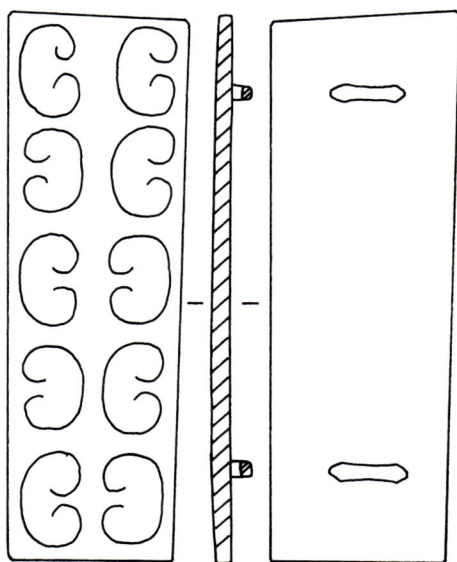

0   2 厘米

72 铜车饰

馆藏号 928

长 9.4、宽 3 厘米

长方形。正面阴刻上下两排卷云纹，背面附双纽。

0   2厘米

73 铜车饰

馆藏号 1283-4

长 11.3、宽 4 厘米

长方形。两端各有一个小圆孔，周边饰锯齿纹。从
秦安王洼墓地发掘的车辆装饰品的情况看，这件铜牌饰
应该是车衡上的装饰构件。

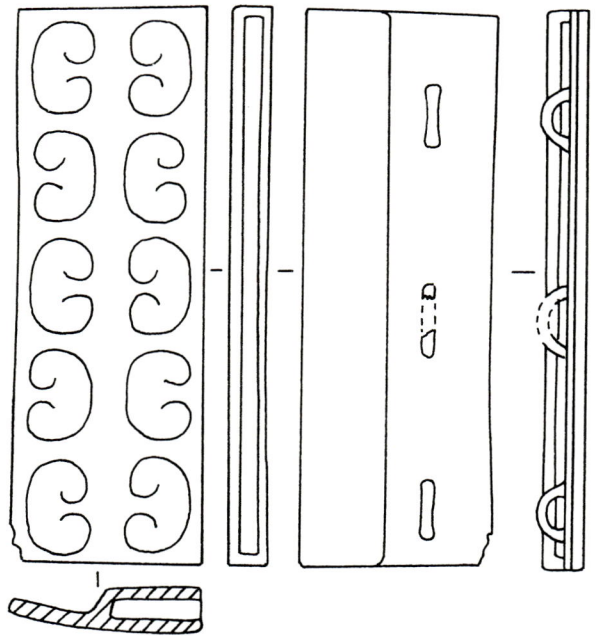

74 铜车饰

馆藏号 927
长 9.4、宽 3.2 厘米

长方形。正面阴刻上下两排卷云纹。背面一侧有一排三个桥形纽,另一侧附长方形铜片形成卡槽。

0   2 厘米

0 ————— 2 厘米

75 牛头形铜饰件

馆藏号 1197

长 10、宽 7.5、厚 3.7 厘米

　　形似牛头，中部为圆形銮，背有
方扣。用途不明。

76 铜盖弓帽

馆藏号 1169
高 4.5 ~ 6 厘米

　　形状、大小相同。均为平顶，圆筒形，近口处有一小圆孔和牛角形小钩。两件有棱，一件无棱。

77 铜盖弓帽

馆藏号 1206

残长 9 ~ 13 厘米

一套 4 件。长圆筒形。圆片状冒顶，帽顶处有一周宽凸棱，凸棱一侧有一小孔和牛角形小钩，内存朽木。

78 铜盖弓帽

馆藏号 937
长 3.8 ～ 4.8 厘米

一组 2 件。均为平顶，近口处有小圆孔
和一牛角形小钩。其中一件上有凸棱。

1170-1

1170-2

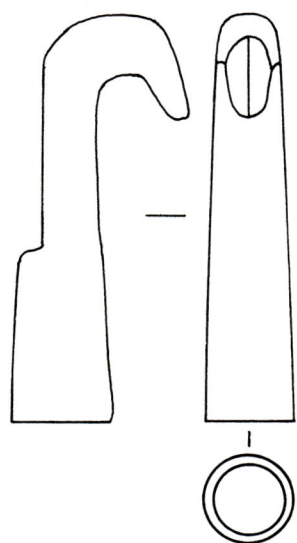

0   2 厘米

1170-1

79 铜盖弓帽

馆藏号 1170-1、1170-2

长 7 厘米

　　一组 2 件。顶端弯曲呈鸟首状，自颈部以下呈管状，侧面有穿孔。

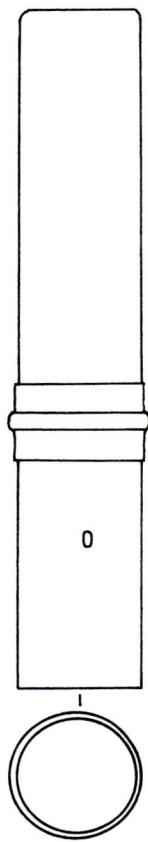

0 　 2 厘米

8o 铜管状饰

馆藏号 938
长 11.7、孔径 2.2 厘米

长圆筒形。顶端封口，中有一孔。中下部有凸棱一周。

8I 铜管状饰

馆藏号 939
长 10、孔径 1.1 厘米

圆筒形。中空。

0　　　　2 厘米

82 铜伞杠箍

馆藏号 1153-1、1153-2（左—右）
直径 5、高 5 厘米

由两个圆筒形以方形子母扣扣合而成。
饰一周凸棱。中部有对穿的小圆孔。

83 铜带扣

馆藏号 942

长 5、宽 3.5 厘米

长方框，长边一侧伸出一扣臂。

84 铜饰件

馆藏号 925

长 6.2、口径 3 厘米

一组 2 件。均为扁圆筒形饰瓦棱纹，一件一侧有长方形孔。

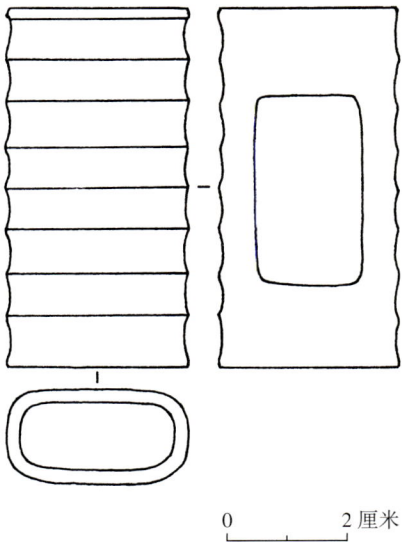

0 —— 2 厘米

85 铜饰件

馆藏号 926
长 6.2、口径 3 厘米

扁圆筒形。一侧有长方形孔，饰瓦棱纹。

2014-1   2014-2

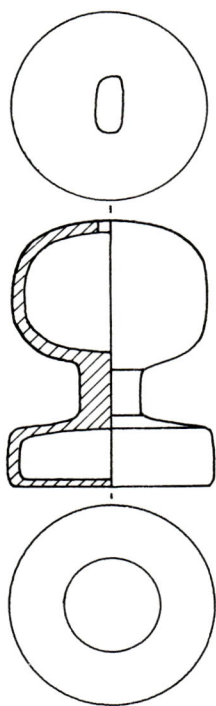

0   2 厘米

2014-1

86 铜饰件

馆藏号 2014-1、2014-2
底径 3.5、高 4.5 厘米

　　圆形底座，上部呈圆球形。圆座上有四
个穿孔，圆球上也有一穿孔。使用方法可能
类似于节约。

87 铜饰件

馆藏号 1287

长方形者长 3、宽 2 厘米，方形者边长 2 厘米

一组 3 件。饰以圆形和月牙形镂空花纹。

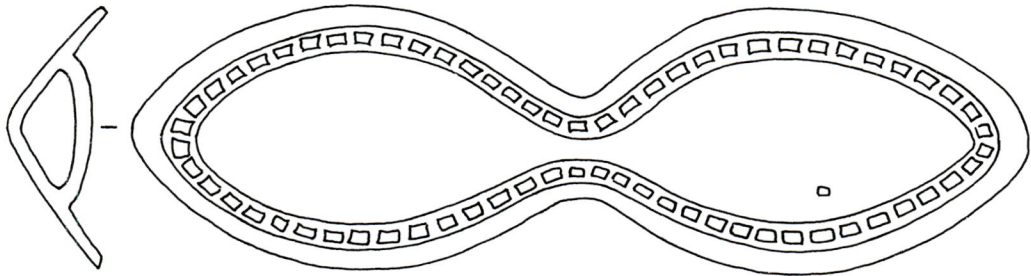

0 _____ 2厘米

88 铜饰件

馆藏号 2011
长 14.9、宽 4.6 厘米

由两片形似柳叶的铜饰片连接而成。正面略鼓，中部略起脊，边缘饰一周索状纹。背部有双纽。可能为马镳或眼罩。

0 _____ 2 厘米

89 铜饰件

馆藏号 945

长 3、宽 2 厘米

花边长方形。中部有亚腰形镂孔，饰卷云纹。

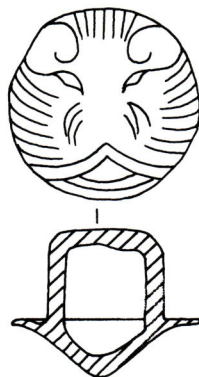

0   2 厘米

90 铜扣饰

馆藏号 1158

直径 3.2 厘米

形似草帽。饰虎头图案，背面有长方形纽。

0   2 厘米

91 铜泡

馆藏号 1159

直径 5 厘米

圆形泡。周有四出花瓣。

92 铜泡

馆藏号 1290-4

长 5.5、宽 4.1 厘米

正面中心有圆锥形凸起，四周的卷云纹
镂空形成抽象的鸟形图案。

1200-1   1200-2

0   2 厘米

1200-1

93 铜泡

馆藏号 1200-1、1200-2
长 6、宽 4.8 厘米

圆泡上有两个相背的鸟头，圆眼钩喙。
背面有一方框形纽。

0   2 厘米

94 铜泡

馆藏号 1202

直径 4.6 厘米

　　圆形，正面略凸。以三周旋纹将装饰纹样区隔为内外两圈，内圈为三角网格纹，外圈为卷云纹。背面有一横纽。

95 铜泡

馆藏号 1258-1

直径 7 厘米

正面中心有半球状凸起，周围为四段弧
形镂孔。

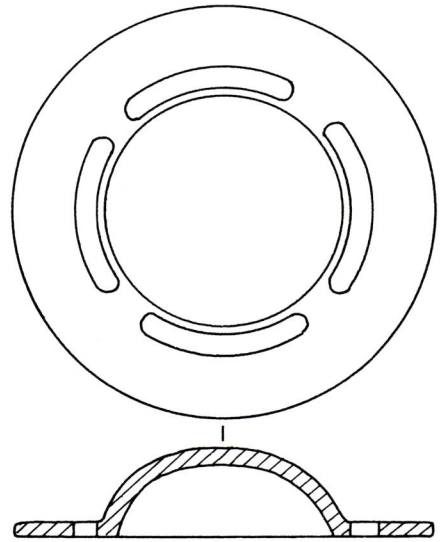

0   2 厘米

96 铜泡

馆藏号 1179
宽 5、高 6.5 厘米

3 件。鸟形。背面有桥形纽。

1198-1   1198-2

Ⅰ

0   2厘米

1198-1

97 铜泡

馆藏号 1198-1、1198-2
边长 5 厘米

　　四瓣花形。正面中部为一凸起的半球形泡，花瓣上饰卷云纹。背面中部凹入，有一桥形纽。

1294-3

1294-5

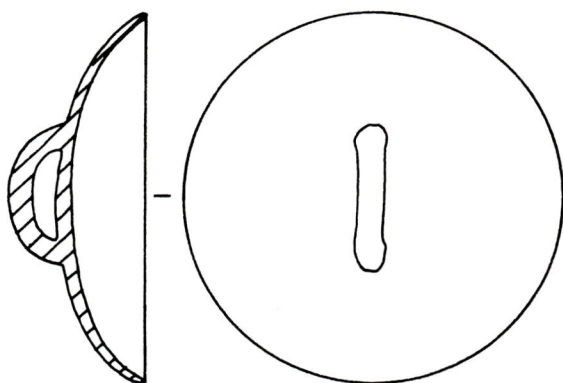

0　　　　　2厘米

1294-3

98 铜泡

馆藏号 1294-3、1294-5
直径 5 厘米

圆形。附桥形纽。

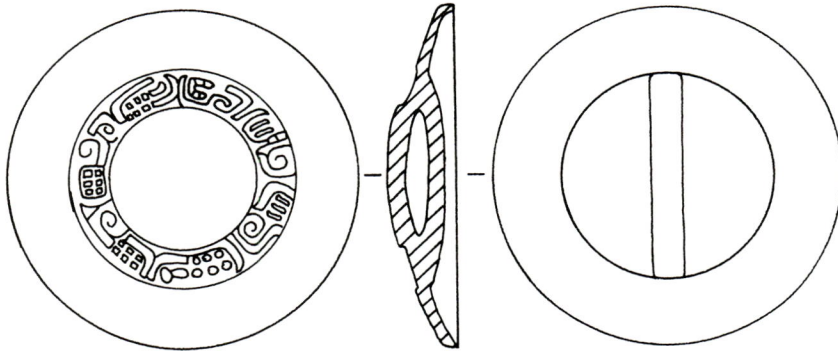

0 ____ 2 厘米

99 铜泡

馆藏号 1201

直径 5.8 厘米

圆形。中部饰云纹和圆点纹。背面有桥形纽。

IOO 铜泡

馆藏号 1199-6
直径 5 厘米

圆形。残。正面隆起，缘内饰一周锯齿
纹，中间为一只蜷曲的兽。

0   2 厘米

IOI 铜泡

馆藏号 1199-1

直径 5 厘米

圆形。正面隆起，以旋纹区隔出两周纹
饰带，内圈饰圆点纹和卷云纹，外圈一周为
卷云纹。

1178-1   1178-2

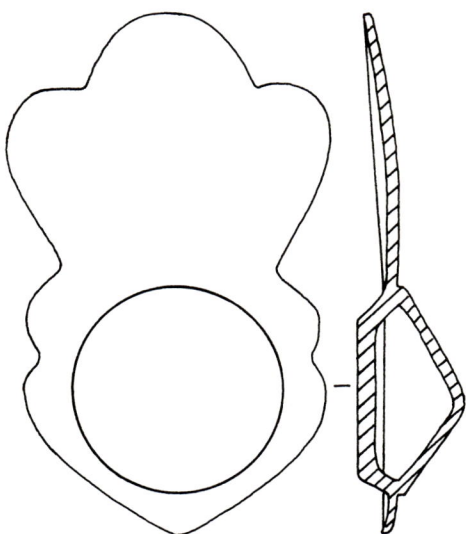

0   2 厘米

1178-1

IO2 铜泡

馆藏号 1178-1、1178-2

长 9、宽 5.5 厘米

圆形，上部呈山字形。背部附纽。

935

936

I03 铜泡

馆藏号 935、936

直径 6.5、5 厘米

2 件，大小有别。圆形。中部有半球状
凸起，背面有一横纽。饰两周水波纹。

1231

1232

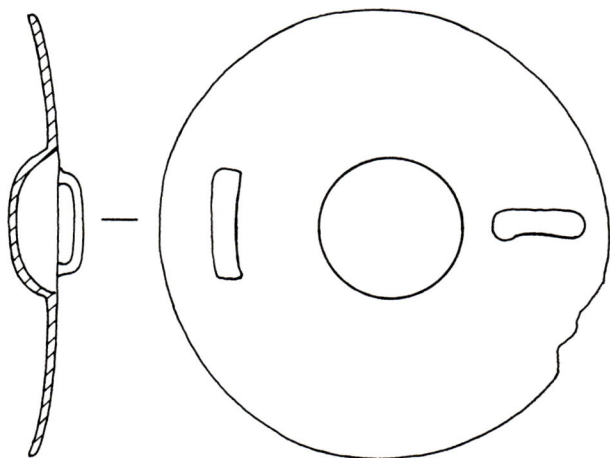

0　　　　2厘米

1232

IO4 铜泡

馆藏号 1231、1232

直径 8、7.5 厘米

　　形似草帽，正面中心为一半球形凸起，外侧为一平直的圆环。背面中心凹入，两侧有一横一竖两个桥形纽。

105 铜节约

馆藏号 1252

长 4.5、宽 4 厘米

一组 3 件。十字形。十字相交处形成一圆点，截面呈 "U" 形。

I06 铜节约

馆藏号 1286

长 3.5 厘米

一组 3 件。十字形。十字相交处形成一圆点。

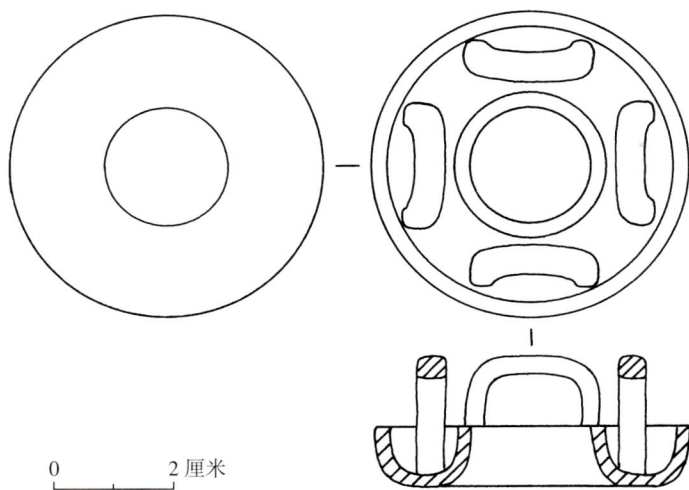

0   2 厘米

107 铜节约

馆藏号 929
直径 5.2 厘米

圆环状。背面附四纽。

108 铜马衔

馆藏号 1285

长 5.5、环径 3 厘米

一组 3 件。单节双环衔，环呈圆环状。

0 ____ 2 厘米

I09 铜马衔

馆藏号 1235

长 7.3 厘米

两节式，两端均为环形，中间以小环相套接。

IIO 铜当卢

馆藏号 2192

底长 12、高 11.5 厘米

桃形。中心有一圆形孔，靠近边缘处有
六组小孔，每组两个。

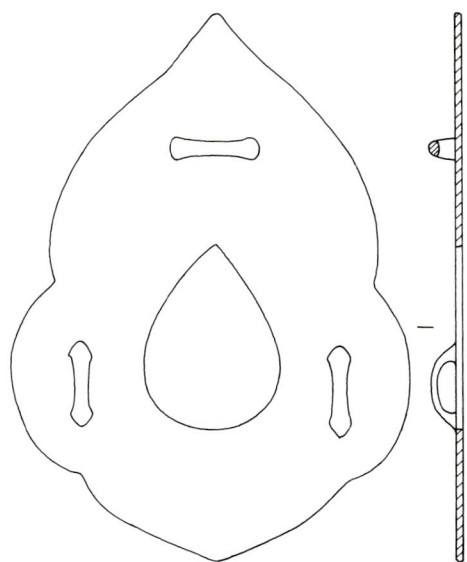

0　　　2 厘米

III 铜当卢

馆藏号 2045
长 14.8、宽 10.5 厘米

　　由铜片制成。叶形，两侧各有一个浅圆弧形外凸，中心为水滴形镂孔。素面。背附三个桥形纽。

三　人体装饰品及服饰

　　制作人体装饰和服饰的材料很丰富，包括金、银、铜、肉红石髓、绿松石、炭精、玻璃和费昂斯等。

　　项饰为制作精美的半环形银项圈。项圈上先錾刻出虎和牦牛的纹样，再贴以薄金片制作的虎和牦牛。

　　腰带饰有金、铜两种材质。金带饰多采用捶揲和剪切工艺，均为动物造型或装饰动物纹样。动物母题有四鸟、虎噬羊、蛇鸟蛇相斗、对鸟、双龙和盘龙等。铜带饰有长方形镂空折角形纹、对鸟形、龙形等。

　　板带为镀锡工艺，一件饰索状文和云纹，另一件饰菱格纹。

　　铜带扣为长方形，饰云雷纹。带钩均为铜质，样式复杂，有凸字形、琵琶形、棒形、鸟形、牛头形、虎形等。动物造型的带钩多见，钩首多呈兽首形。带环上多饰相对的兽首或龙头。

　　各种质地的珠子形制多样，这些珠子经常和焊接成排的金管饰组成项链。还经常组合装饰于衣服的边缘或作为腰带两侧悬挂的佩饰。

　　装饰品中还有缠金片的铜耳环、镜形饰、铜盒及小铜铃。

1187

1188

0   2 厘米

1187

II2 双龙纹金带饰

馆藏号 1187、1188
长 7、宽 5.3 厘米

一组 2 件。长方形，略残。1187 号偏黄，1188 号偏红。以薄金片捶揲成型，正面隆起，背面凹下。双龙相对盘曲，龙爪屈于身下。龙身饰云纹及联珠纹，边饰雷纹及联珠纹。角有钉孔。

950

951

0   2 厘米

II3 鸟纹金带饰

馆藏号 950 ~ 954
长 6、宽 5.5 厘米

　　一组 5 件。近方形。以捶揲法在薄金片上捶打出四个巨喙鸟首，鸟首均朝向中心，圆眼。角上有钉孔。

952

953

954

0　　　　　2 厘米

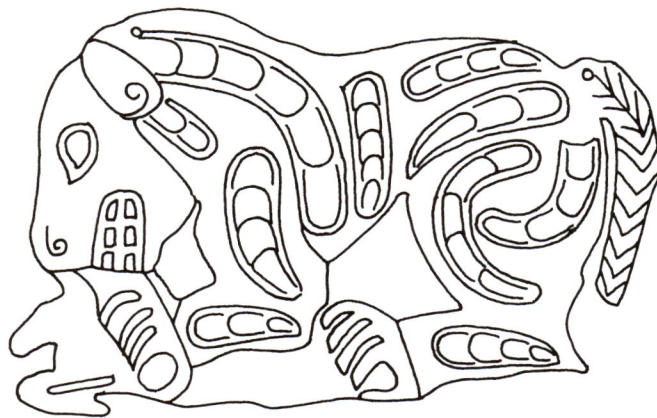

0   2 厘米

947

II4 虎噬羊金带饰

馆藏号 947 ～ 949、1000
长 8.5、宽 4.5 ～ 5.5 厘米

    一组4件。长方形。以捶揲法在薄金片上捶打出虎噬羊造型，正面隆起，背面凹下，边缘另剪切，留有明显剪切痕。虎呈蹲踞状，嘴微张，前爪按抓一羊，后爪抓住羊尾，虎尾下垂。羊屈腿跪伏于虎爪之下。虎身饰重环纹，虎尾部饰穗状纹。带饰上部边缘有两个钉孔。

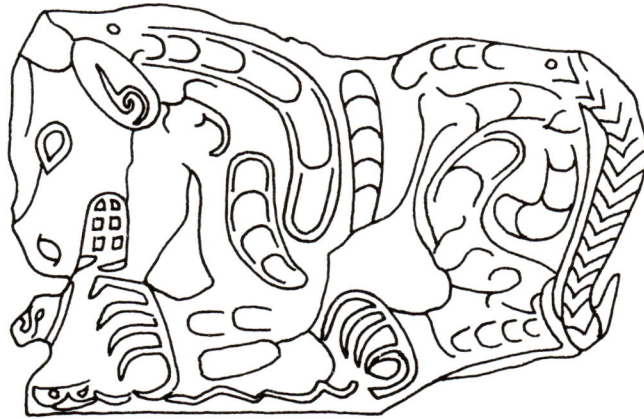

0 ⸺ 2厘米

948

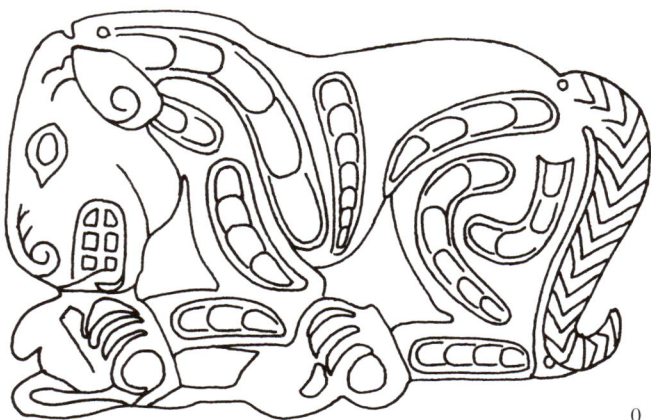

0   2 厘米

949

1000

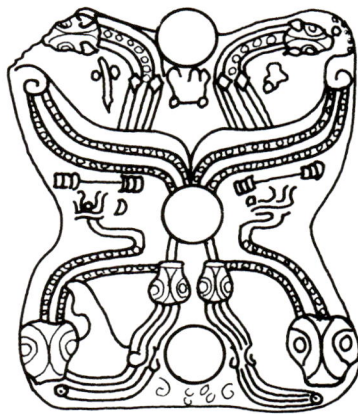

955

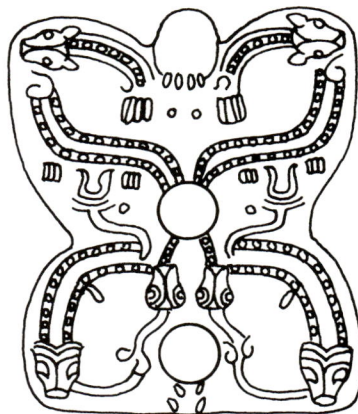

956

0   2 厘米

II5 蛇纹金带饰

馆藏号 955 ~ 961

长 5.5、宽 4.5 厘米

    一组 7 件。长方形。以薄金片上捶打而成,正面纹饰隆起,背面凹入。纹饰由周边的四条大蛇和数条小蛇头尾相衔、交错盘曲组成。蛇身饰联珠纹。图案繁复,不易辨识。角上有数目不一的钉孔。

957

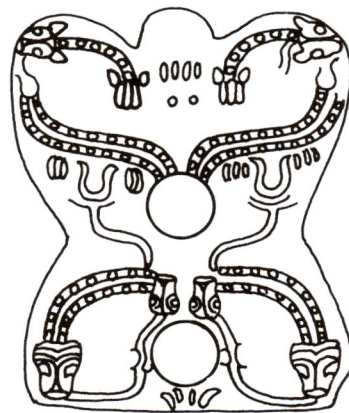

958

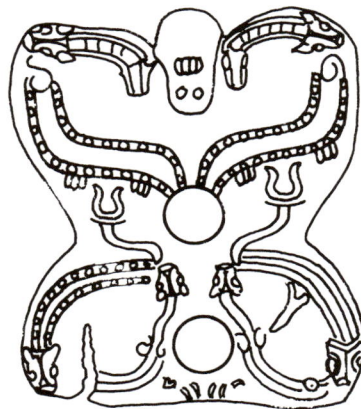

959

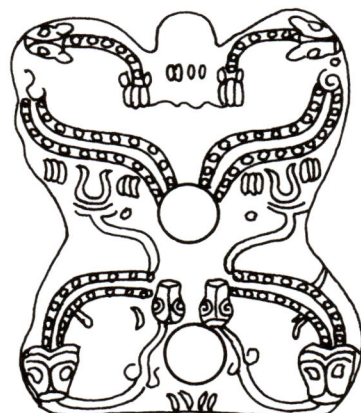

0　　　　　　2厘米

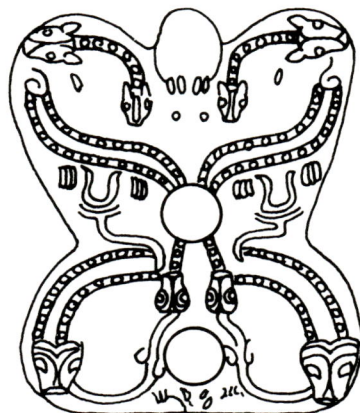

960

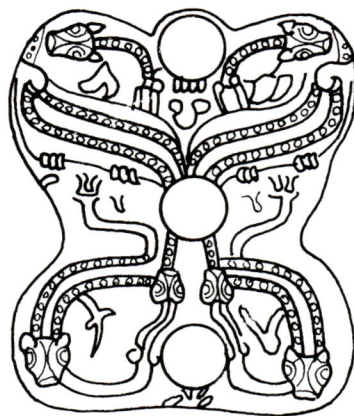

961

0   2 厘米

1397

1417

116 鸟衔蛇纹金带饰

馆藏号 1397、1417 ～ 1420、1422
长 5、宽 3 厘米

　　一组 6 件。长方形。以薄金片上捶打而成，正面纹饰隆起，背面凹入。饰正反两组相对的鸟噬蛇纹，中部两鸟首交颈相对，双目圆睁，鸟的巨喙各衔蛇颈，蛇身缠绕鸟身。鸟羽清晰可辨，蛇身饰一列联珠纹。四角有钉孔。

1418

1420

1419

1422

1419

1422

0 ⎣___⎦ 2厘米

1398

1400

1399

1401

II7 双龙纹金带饰

馆藏号 1398 ~ 1415、1423
长 5、宽 2.8 厘米

　　一组 19 件。长方形。以捶揲法在薄金片上捶打而成，正面隆起，背面凹下。边缘部位留有明显剪切痕。图案为双龙纠结盘绕，龙首咬另一龙尾部，龙目圆睁，龙爪相互踩蹬。龙身饰一列联珠纹，头尾部有钉孔。

0   2 厘米

1401

1402

0   2 厘米

1402

1403

1404

1405

1406

1407

1410

1408

0   2 厘米

1410

1409

1411

1412

1413

1414

0 _____ 2 厘米

1414

1415

1423

2007

2008-1

0　　　　2 厘米

2008-2

118 双鸟纹金带饰

馆藏号 2007、2008-1、2008-2
长 5.8、宽 3.4 厘米

　　一组 3 件。长方形。以捶揲法在薄金片上捶打出相对的双鸟，正面隆起，背面凹入，边缘经剪切。带饰中部为一略凸起的圆形，两侧各有一正反相对的鸟，双目圆睁，钩喙。四角各有一个钉孔。2007 号藏品的颜色稍深。

2008-1

0　　　　2 厘米

II9　盘龙纹金带饰

馆藏号 1428

长 4.2、宽 2.5 厘米

略残。以捶揲法在薄金片上捶打成型，正面隆起，背面凹入。龙目圆睁外凸，立耳，爪张开，龙身盘曲缠绕，上饰阴线纹、联珠纹、圆点纹和云纹。在一角残存一个钉孔。

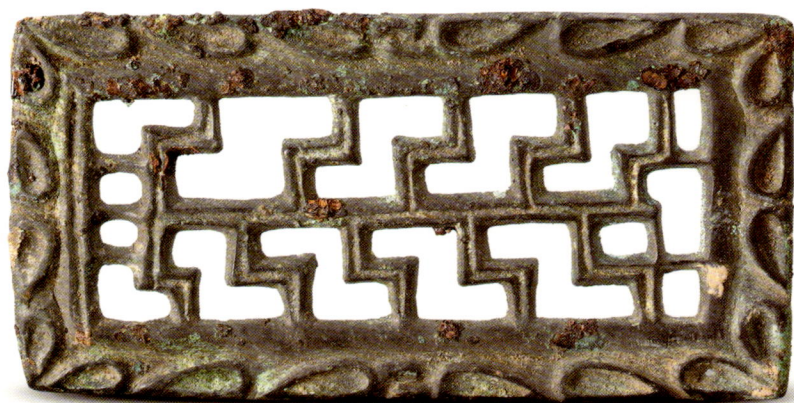

0   2 厘米

120 长方形铜牌饰

馆藏号 2127
长 10.4、宽 5.4 厘米

长方形。中部有一横栏，横栏两侧各有五个交替
分布的透雕阶梯状纹，边框上有水滴状窝纹。

I2I 鸟形铜牌饰

馆藏号 2335

长 3.5 ~ 4.5、宽 2 ~ 2.8 厘米

上左：整体呈"8"字形，正面中央为一凸起的圆形，两边双鸟反向连接，饰曲线纹。

上右：整体呈"8"字形，正面中央为一凸起的圆形，两边双鸟反向连接，饰联珠纹。

下左：整体呈"8"字形，正面中央有一凸起的圆环，两边双鸟反向连接，饰曲线纹。

下右：整体呈"8"字形，正面中央有一凸起的圆泡，反向连接的双鸟纹简化为盘绕的线纹。

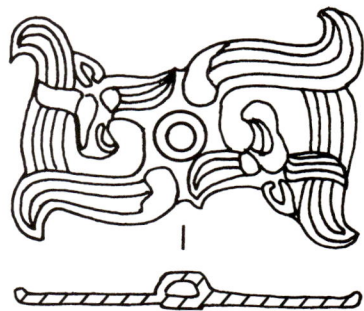

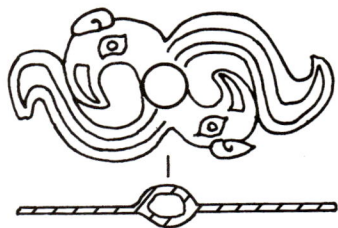

0   2 厘米

I22　鸟形铜牌饰

馆藏号 2341
长 4.4、宽 2.2 厘米

一组 3 件。2 件形制相近，整体呈 "8" 字形，正面中央为一凸起的圆形，两边双鸟反向连接，饰联珠纹。另一件形似极度简化的鸟或兽。

123 龙形铜牌饰

馆藏号 2124
长 5.6、宽 3.3 厘米

　　龙回首张望，杏眼，嘴微张，身体盘曲，
四爪卧伏，尾卷于腹下。

0 ⊢＿＿＿＿＿＿ 2厘米

0   2 厘米

124 龙形铜牌饰

馆藏号 2125

长 6、宽 3.5 厘米

龙回首张望，杏眼，嘴微张，身体盘曲，四爪卧伏，尾卷于腹下。

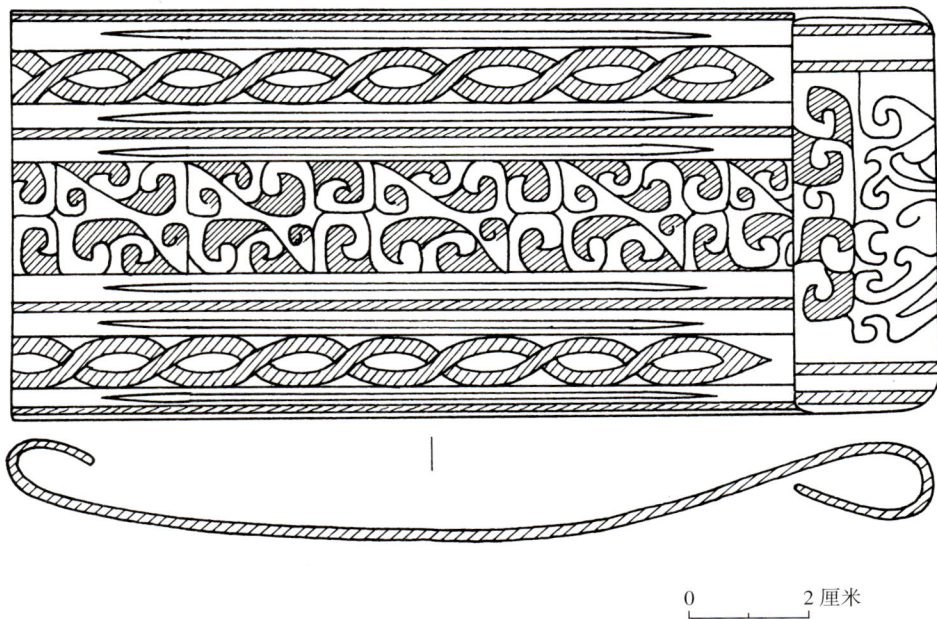

0 _____ 2 厘米

125 铜板带

馆藏号 1277
长 15.4、宽 7 厘米

　　长方形铜片两端分别向不同方向卷曲，侧面呈"S"形。两面均有花纹，一面中间饰与长边平行的卷云纹带，两侧饰绚纹带，以弦纹间隔；另一面饰云纹带和弦纹。纹饰内再填密集的斜线纹。

126 铜板带

馆藏号 2385

长 14.7、宽 7.2 厘米

长方形铜片两端分别向不同方向卷曲，侧面呈"S"形。板带一面饰弦纹，另一面饰菱格纹。纹饰内再填密集的斜线纹。

0 —— 2 厘米

I27 铜带扣

馆藏号 1289

长 7.8、宽 4 厘米

近长方形，一端略宽。正面饰两行云雷
纹。宽端有扣针和方孔。

128 铜带扣

馆藏号 2060

长 7.8、宽 4.6 厘米

　　"凸"字形。宽端有方形孔，孔侧有扣针。正面饰龙纹和乳丁纹。

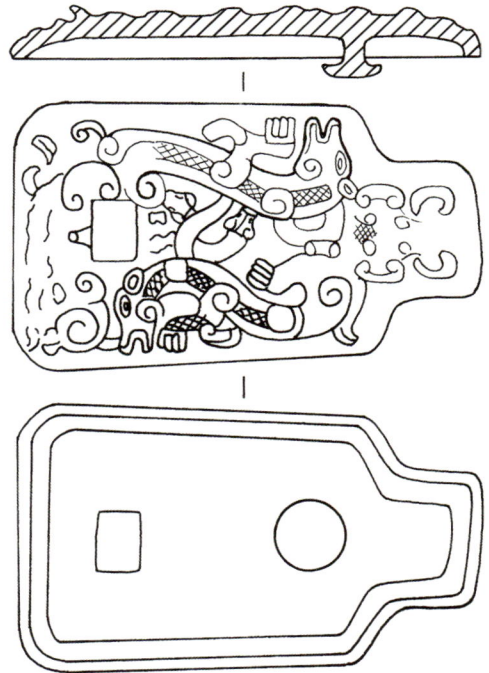

0 —— 2 厘米

129 铜带钩

馆藏号 987

长 15 厘米

棒形。钩首为有耳兽首，钩身饰凹弦纹和阴线卷云纹。末端略粗，背中部有一扁平圆纽。

I30 铜带钩

馆藏号 1045

长 15 厘米

棒形。钩首残，背中部有一扁平圆纽。钩身饰错金银卷云纹、几何纹、弦纹和圆点纹。

I3I 铜带钩

馆藏号 1047

长 10.5 厘米

长条形。钩首为兽首，扁兽形尾。背中部有一扁平圆纽。钩身饰水滴纹和卷云纹。

I32 铜带钩

馆藏号 1046
长 10 厘米

琵琶形。钩首为兽首，背中部偏下有一扁平圆纽。钩身饰卷云纹和圆点纹。

I33 铜带钩

馆藏号 1154
长 3.5 ~ 6.8 厘米

3件。1件琵琶形，钩首为兽首，背中部偏下有一扁平圆纽，纹饰剥落不清。余2件呈耜形，钩首作鸟首，颈细长，尾端宽展，背面近尾端有一扁平圆纽。

I34 铜带钩

馆藏号 1160
长 3 厘米

琵琶形。钩首向尾部弯曲为长钩，短颈。背面靠近尾端有一扁平圆形纽，纹饰不清。

I35 铜带钩

馆藏号 2046
长 9.3 厘米

琵琶形。钩首作鸟首形，颈细长，尾端宽展，形似鸟腹及双翼。背部靠近尾端有一扁平圆形纽。

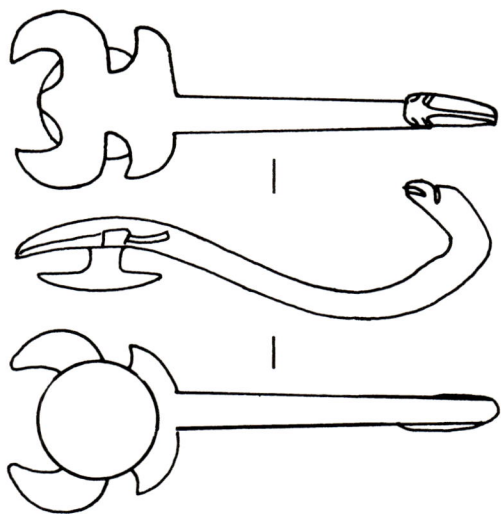

0 _____ 2 厘米

I36 铜带钩

馆藏号 1237
长 6.6 厘米

鸟形。钩首作鸟首，颈细长，尾端宽展
呈翅状。背面靠近尾端有一扁平圆形纽。

0   2 厘米

137 铜带钩

馆藏号 2123
长 9 厘米

浇铸而成。钩体为虎造型。虎蹲踞状，昂首立耳，双眼圆睁，张口，尾上卷呈 "S" 形贴于后背，后爪弯曲贴地，自左前爪伸出钩首。背面下凹，无纽。

138 铜带钩

馆藏号 2064
长 10.5 厘米

琵琶形。钩首作鸟首状，颈细长，体略宽呈水滴形。背中部有一圆形纽。

139 铜带环

馆藏号 1180-1、1180-2（左—右）
长 6、宽 5 厘米

长方形。长边中央各有一对吻部相向的兽首。

140 铜带环

馆藏号 2061

长径 5.5、短径 4.8 厘米

镀锡。椭圆形环状。环一端未封闭，阴线刻吻部相对称兽首两对。首身饰三角云纹。

0　　　　　2厘米

I4I 银带环

馆藏号 1438
长 7.8、宽 7 厘米

近椭圆环形。环一端未封闭，阴线刻吻部
相对的龙首两对。龙圆眼，嘴微张。

1437 正

I42 银项饰、金饰片

馆藏号 1437、1425 ~ 1427
银项饰：直径 27、宽 5.5 厘米
金饰片：1425，长 12、高 3.6 厘米
　　　　1426，长 7.7、高 3.4 厘米
　　　　1427，长 9.5、高 3.5 厘米

　　半环形，内侧边缘上卷。项饰正面錾刻有两组相对的虎噬牛图案，牛在前，虎在后。在錾刻的图案上再粘贴薄金片制成的、形状与錾刻图案相同虎和牛，两端有两个近方形的孔。牛为牦牛，作行走状，头前伸，角向前，嘴微张，圆眼立耳，项背高拱。大尾，腿部有长毛。身上刻曲线和涡纹装饰。眼部镂空。虎作行走状，头前伸，张嘴露齿，下唇方形，爪张开，尾下垂，尾尖上翘。虎身以波浪状曲线表现虎的斑纹。

1437 背

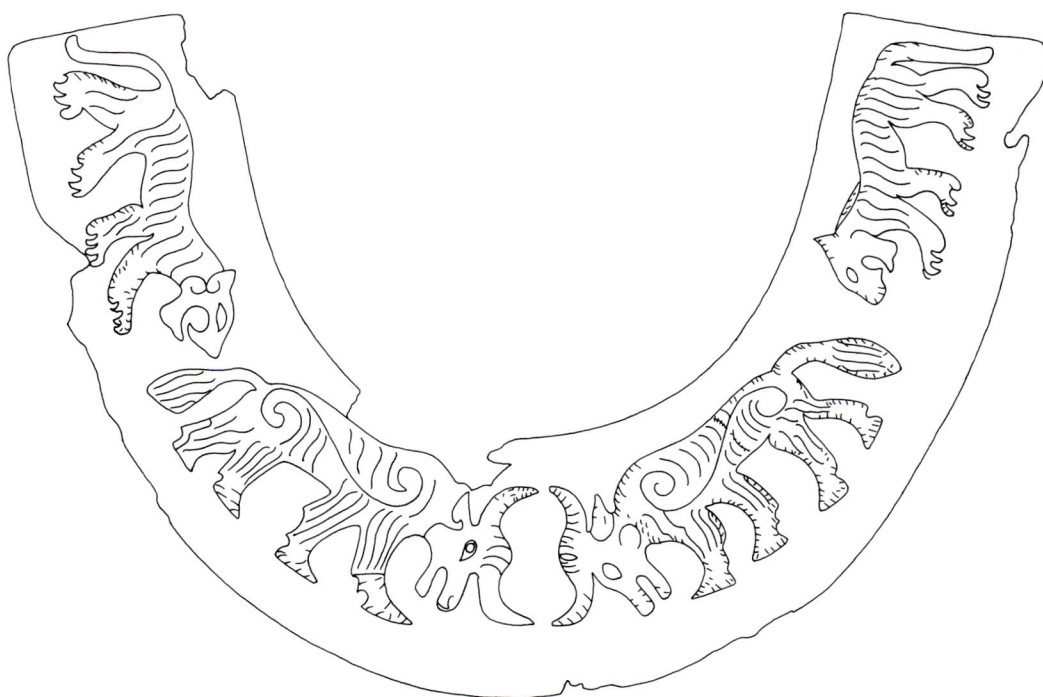

0   2厘米

1437 局部

1437 局部

1437 局部

1425

1426

1427

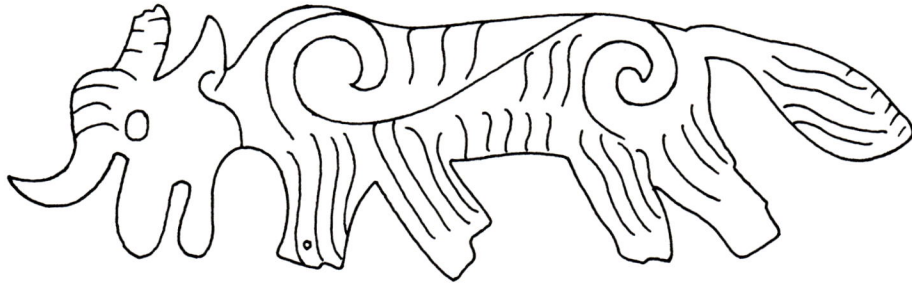

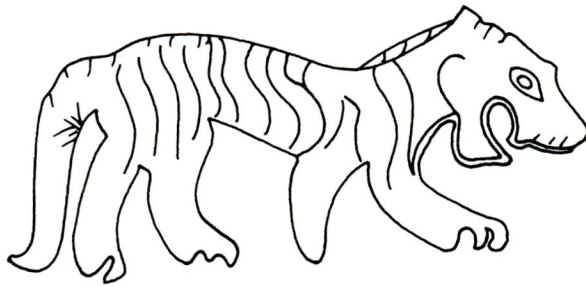

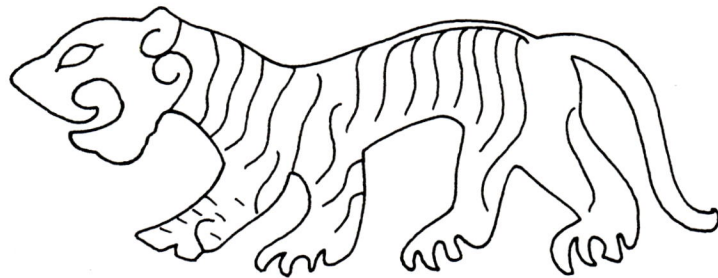

0　　　　　2厘米

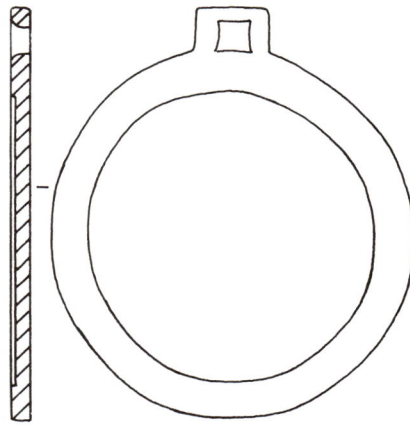

I43 铜镜形饰

馆藏号 1185

直径 6 厘米

圆形。边缘有一周凸棱，侧装纽。

0   2 厘米

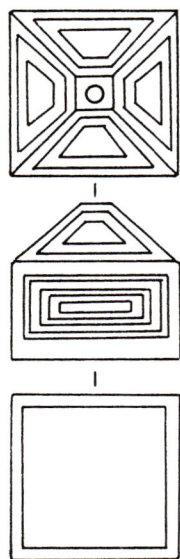

0　　　2厘米

I44 铜盒

馆藏号 1186
边长 2.8、高 2.8 厘米

　　下部为长方形，上部为覆斗形。顶部中心有一小圆孔，饰阴三角形和长方形。马家塬墓地 M4 发现的在墓主人腰带上悬挂的装饰品中就有小金盒，该件铜盒应和马家塬 M4 小金盒的功用相同。

I45 铜铃

馆藏号 2326
高 2 ~ 4 厘米

3 件。分为两类：一类为钟形，一类为
尖顶盔形，环形纽。

I46 包金铜环饰

馆藏号 1441
直径 2.8 厘米

一组 2 件。铜环上缠绕金箔片包裹。

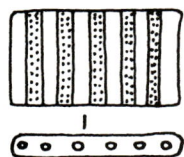

I47 金管饰

馆藏号 1416
长 2.2、宽 1.3 厘米

长方形。由六枚金管焊接而成，正面金管间焊接两列金珠。马家塬墓地出土的同类器物多是项链的组成部分。

0 　　　　　2 厘米

I48 金泡

馆藏号 1395
直径 0.6 厘米

帽形。

I49 银泡

馆藏号 1396
直径 0.5 厘米

帽形。

I50 肉红石髓串珠

馆藏号 1386
直径约 0.5 厘米

扁圆珠。

151 肉红石髓串珠

馆藏号 1387
直径 0.6 厘米

短双锥形多面体。

152 肉红石髓串珠

馆藏号 1389
直径 0.4 厘米

由鼓形珠和短管珠组成。

153 肉红石髓串珠

馆藏号 1388

直径 0.5 厘米

由扁圆珠、短双锥珠和不规则形珠子组成。

154 蜻蜓眼

馆藏号 1390

直径 0.8 厘米

扁圆珠。白底、蓝眼、褐色眼圈，眼纹四至六个不等。

155 玻璃珠

馆藏号 1391

直径 0.5 厘米

扁圆珠。深蓝色。

156 费昂斯珠

馆藏号 2006
长 1 ~ 2.5、直径 0.3 ~ 0.8 厘米

由淡绿色管珠和蝶形珠组成。

157 绿松石和煤精串珠

馆藏号 1392
煤精珠：长 0.5 ~ 0.8 厘米
绿松石珠：长 0.1 ~ 1 厘米

由宽扁珠、管珠和片状扁珠等组成。

I58 金珠

馆藏号 1393
直径 0.6 厘米

短双锥形，系以两个帽形金泡对接而成。

I59 金珠

馆藏号 1394
直径 0.2 ~ 0.8 厘米

有瓜棱珠、短双锥珠和扁圆珠。

[附录]

清水县博物馆征集金饰片

◎ 侯红伟　王辉

2391-1

2391-2

2391-3

2391-4

I60 梯形金车饰

馆藏号 2391-1 ～ 2391-7
上底 2.3、下底 2.5、高 2.5 厘米

　　一组 7 件。形状、尺寸和花纹相同。梯
形边框内内镂刻、捶揲出巨喙下勾的鸟头四
个，鸟头均向中心圆点。

2391-5

2391-6

2391-7

161 梯形金车饰

馆藏号 2391-8
上底 2.3、下底 2.5、高 2.5 厘米

梯形边框内镂刻对卧马纹。留有明显錾
刻和剪切痕。

2390-1

2390-3

2390-2

2390-4

I62 梯形金车饰

馆藏号 2390-1 ～ 2390-5
上底 3.3、下底 3.8、高 3.8 厘米

一组 5 件。形状、尺寸和花纹相同。梯形边框内捶揲出巨喙鸟头四个，鸟头均向中心的圆点。

2390-5

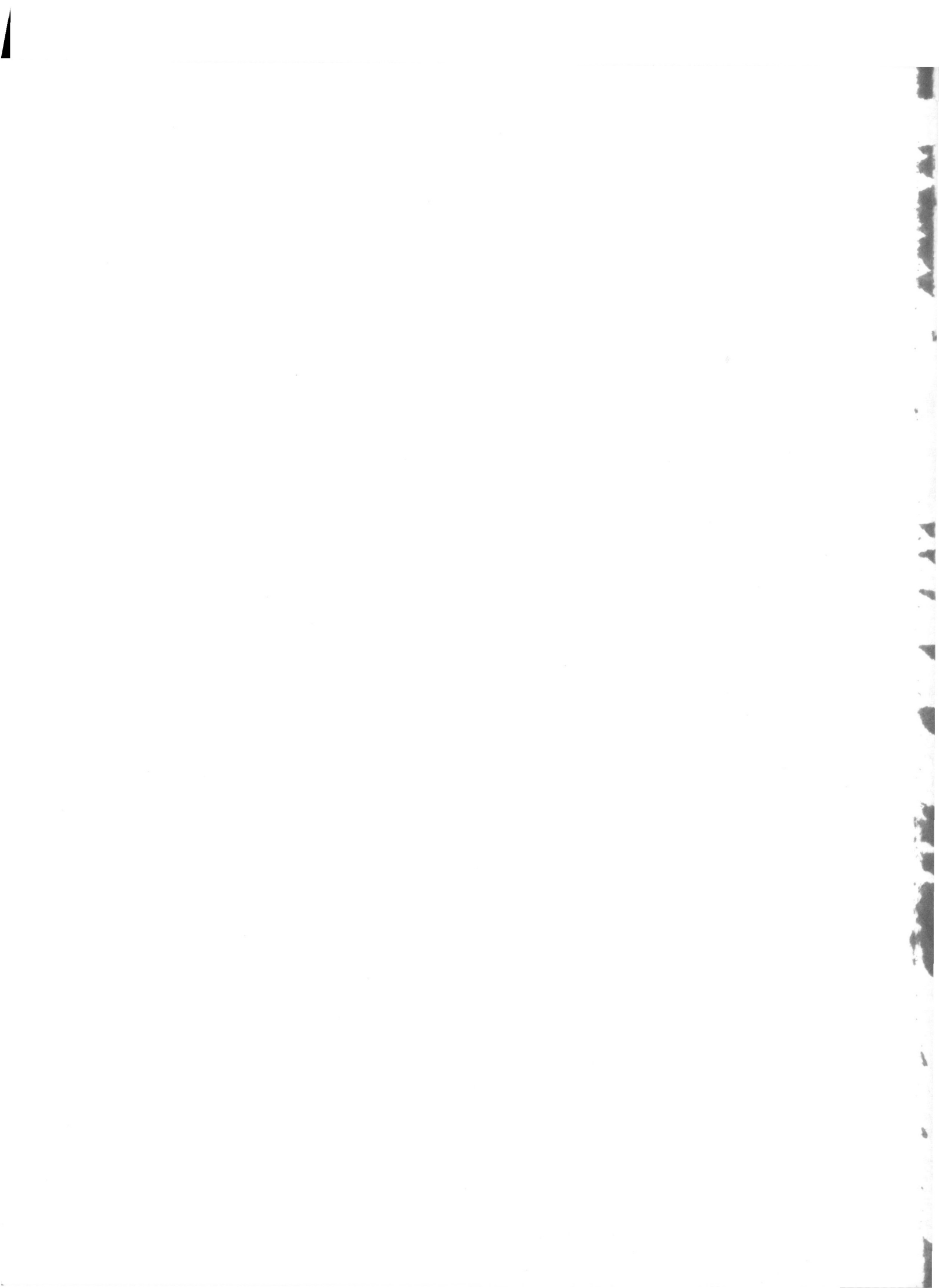

后 记

　　清水白驼刘坪遗址是研究研究战国时期西戎文化、秦戎关系和中西文化交流的重要资料。自 20 世纪末，该遗址屡遭盗掘，清水县博物馆和甘肃省博物馆分别征集了该遗址出土的部分文物。李晓青和南宝生在 2003 年《文物》杂志上刊布了部分资料。但由于文物基本属于征集，资料发表也不完整，限制了对这批资料的深入研究。本书对清水博物馆所收藏的出土于清水白驼刘坪遗址的资料进行了系统整理，希望有助于对上述相关问题的研究。由于条件和水平所限，其中的错讹难免，责任由编者自负。

　　本书由王辉主编，侯红伟、陈建立和全永庆任副主编。王辉完成了概述部分，侯红伟和王辉共同完成了遗物描述，陈建立对白驼刘坪遗址所出土的金属器进行了检测和分析，并完成了研究报告。

　　本书文物照片拍摄由文物出版社宋朝完成。绘图由方志军完成。

王辉

2014 年 10 月 2 日